ADAC TourBooks

Die schönsten Motorrad-Touren

Alpenpässe

Vom Hahntennjoch zum Gotthardpass

17 ausgewählte Traumrouten

INHALTSVERZEICHNIS

INHALTSVERZEICHNIS

Das höchste aller Gefühle

Fast 2400 Meter über Meereshöhe. Die Luft ist klar. Bauchkribbeln wie vor einem Bungee-Sprung. Wie die Falten im Balg einer riesigen Ziehharmonika windet sich das schier endlose Serpentinenband den Steilhang hinab. Noch einmal das Visier geöffnet, noch einmal tief durchgeatmet – los geht die Achterbahnfahrt. Es sind Momente wie diese, die Motorradfahrern einen ganzen Cocktail aus Glückshormonen in die Blutbahn jagen. Für ambitionierte Biker sind die Alpen mit ihren unzähligen fantastischen Passstraßen, eingebettet in atemberaubende Bergkulissen, das höchste aller Gefühle – Elysium und Abenteuer-Spielplatz in einem. Nicht zuletzt schlägt in den Alpen die Stunde der Wahrheit. Hier zeigt sich, was man fahrerisch drauf hat und was die eigene Maschine mitmacht. Die Alpen bedeuten permanente Herausforderung und höchstes Fahrvergnügen zugleich.

Pässe mit vielen Gesichtern

Pass ist nicht gleich Pass – ganz klar. Manche Pässe überwinden eindrucksvolle Höhenunterschieden und sind

dennoch einfach zu fahren. An ihnen erfreut sich sowohl der Meister als auch der weniger versierte Fahrer. Andere Pässe sind nur mit langjähriger Erfahrung sicher zu bewältigen. Und schließlich gibt es noch jene Kammstraßen, die man allenfalls auf einer leichten Enduro in Angriff nehmen sollte.

Zahlreiche Passhöhen haben sich zu quirligen Treffpunkten entwickelt, hier heulen die Motoren, tummeln sich Piloten aus aller Herren Ländern, tauschen Erfahrungen aus und reden Benzin. Das macht Spaß! Dennoch sollte man unbedingt auch die zahlreichen, kaum bekannten Strecken fahren, auf denen man so gut wie alleine unterwegs ist.

Die Mischung macht's

Ein Pass kommt selten allein. Oft ist es gerade die Kombination ganz unterschiedlicher Pässe, die den Reiz einer Tour ausmacht. Auch in diesem ADAC TourBook werden verschiedene Kombinationen vorgestellt, mal die flotte Runde für Langschläfer, mal die beinharte Tour für Biker mit eisernem Sitzfleisch, die auch nach neun Passüberquerungen noch nicht genug haben.

Die Pässe in den deutschen Alpen sind zwar nicht die höchsten, aber überaus attraktiv und weit mehr als kurze Warm-ups. Auf dem Roßfeldring bei Berchtesgaden (Route 1) geht es hinauf zum höchsten Straßenpunkt in Deutschland. Durchs bayerische Biker-

paradies mit Sudelfeld und Tatzlwurm und der legendären Kesselbergstraße führen die Routen 2 und 3. Der höchste Pass Deutschlands, der Riedbergpass, erwartet uns dann im Allgäu (Route 4).

Nette Nachbarn

Bereits von deutschem Boden führen uns die Routen immer wieder zum Nachbarn Österreich. Hier liegen die Passhöhen

schon ein gutes Stück weiter oben. Ein besonderes Schmankerl ist die Silvretta-Hochalpenstraße (Route 5). Mit sieben der höchsten Pässe und über 500 Kilometern Länge stellt dann Route 6 eine echte Herausforderung dar, auf der unter anderem der Großglockner und das berüchtigte Timmelsjoch unter die Räder genommen werden.

Entspannt hingegen ist unser Erstkontakt mit den Dolomiten: Auf Route 7 schwingen wir durch einsames Grenzgebiet zwischen Tirol und Südtirol, vorbei an den imposanten Drei Zinnen, bevor es dann mit einer 7-Pässe-Tour durch die Ampezzaner Dolomiten (Route 8) wieder heftiger, sportlicher zur Sache geht.

Dolomiten-Karussell

So schön, so spektakulär sind die Pässe in Südtirol und im Trentino, dass wir ihnen auch in den folgenden Touren unsere volle Aufmerksamkeit widmen. Dünn wird die Luft auf Route 9, die uns

zum fantastischen Würzjoch und über den traumhaften Passo di Giau führt. Eine Achterbahnfahrt rund um die Civetta sowie feurige Rendezvous mit dem Kaiserjägersteig und anderen kniffligen Passstraßen für echte Könner bieten uns Routen 10 und 11, die uns immer wieder auch in abgelegene, landschaftlich atemberaubende Gefilde entführen.

Auf Route 12 gibt es ein herzliches Wiedersehen mit Timmelsjoch und Jaufenpass, diesmal allerdings auf einer kürzeren Tour. Jetzt nähern wir uns der Schweiz, tanken am Mendel-, Gavia- und Umbrailpass (Route 13) reichlich Adrenalin und Glückshormone und nehmen dann das legendäre Stilfser Joch mitsamt acht weiteren Pässen in Angriff (Route 14). Italienisches Flair und die kurvenreiche Einsamkeit des Veltlins saugen wir in Route 15 auf, die einen interessanten Abstecher zu Moto Guzzi in Mandello del Lario.

Über den Alpenhauptkamm

Zwischen Via Mala und Comer See überquert Route 16 auf dem Splügenpass und dem Lukmanier gleich zweimal den Alpenhauptkamm und bietet uns am

Vorderrhein eine windungsreiche, zerklüftete Traumlandschaft, die an den Grand Canyon erinnert. Eine rein eidgenössische Partie ist dann das Abschlussquartett (Route 17): Grimselpass, Nufenenpass, Gotthardpass, Sustenpass – und der Furkapass als Joker.

Alle hier vorgestellten Routen sind von Deutschland aus gut erreichbar und führen zu den landschaftlich reizvollsten Gebieten der Alpen. Denn zum Fahrgenuss gehört unzweifelhaft auch das Naturerlebnis, und zum Landschaftsgenuss auch schmackhaftes Essen und eine gute Nachtruhe. Zu allen Touren gibt es daher zahlreiche Hinweise auf Restaurants und motorradfreundliche Unterkünfte. Eine Überblickstabelle aller in den Roadbooks befahrenen Pässe findet sich im Anhang des Buches.

Zum Zauberring

Berchtesgadener Land und Roßfeldhöhenringstraße

Ⓐ **Ausgangsort**
B. Reichenhall (D-83435)

Ⓔ **Zielort**
B. Reichenhall (D-83435)

88 km ★★★★★ ★★★

Straßentypen (in Prozent der Streckenlänge)

Landstraße/asphaltierte Nebenstraße	Bundesstraße/Schnellstraße
35	65

Pässe (1): *Roßfeldhöhenringstraße*

Diese Tour können Sie mit Route 2 kombinieren.

Berchtesgadener Land Tourismus
Bahnhofplatz 4
D-83471 Berchtesgaden
Tel. 018 05/86 52 00
marketing@berchtesgadener-land.com
www.berchtesgadener-land.com

Stimmt schon, eigentlich ist die Roßfeldhöhenringstraße kein echter Pass. Dennoch zählt sie mit zum Besten, was die Bayerischen Alpen für Biker bereithalten und sollte in diesem Band nicht fehlen. Watzmann, Königssee und ein traumhafter Nationalpark bilden die eindrucksvolle Kulisse für diese Motorradspritztour durchs Berchtesgadener Land, das neben einer Fülle spannender Strecken auch angenehme Gasthäuser zum Entspannen bietet.

Route 1
DEUTSCHLAND
ÖSTERREICH
ÖSTERREICH
Salzburg
Inzell
Zwiesel
1782
Rauschberg
1671
Chiemgauer Alpen
Weißbach
Bad Reichenhall
Bayerisch Gmain
Saalachsee
Saalach-tal
Predigtstuhl
1613
Schneizlreuth
Sonntagshorn
1961
Unterjettenberg
Deutsche Alpenstraße
Lattengebirge
Schwarzbachtal
Brunnhaus
Hintersee
Ramsau
Wimbach-klamm
Klausbach
Hochkalter
2607
Watzmann
2713
Königssee
St. Bartholomä
Schönau a. Königssee
Hoher Göll
2522
Berchtesgadener Alpen
Berchtesgaden
Bischofswiesen
Kehlsteinhaus
Roßfeld-kreuz
Roßfeld-höhenring
TOP TIPP
Unterau
Oberau-Wildmoos
Hallein
Golling an der Salzach
Salzach
Saalach
Anif
Wiestal-stausee
Salzburger Hochthron
1852
Berchtesgadener Hochthron
1972
Route
5 km
N
A8
A1
A10
B20
B21
B305
B306
B319
B999
St2099
St2100
St2101
150
159
162
178
Freiburg
München
Salzburg
Garmisch-Partenkirchen
Oberstdorf
Innsbruck
SCHWEIZ
Chur
Bruneck
Lienz
Airolo
St. Moritz
Meran
Bormio
Bozen
Cortina d'Ampezzo
Lugano
Trento
ITALIEN
Bergamo
Vicenza

Tour-Stationen auf einen Blick

Tourlänge: 88 km

Nr.	Ort	PLZ	GPS-Koordinaten
Ⓐ	Bad Reichenhall	D-83435	N 47 43.253 E 12 52.437
02	Bischofswiesen	D-83483	N 47 38.834 E 12 58.163
03	Berchtesgaden	D-83471	N 47 38.400 E 13 00.964
04	Abzweig B319	-	N 47 39.179 E 13 02.399
05	Oberau-Wildmoos	D-83471	N 47 39.533 E 13 04.503
06	Einmündung B319	-	N 47 37.867 E 13 03.309
07	Berchtesgaden	D-83471	N 47 37.824 E 13 00.355
08	Schönau	D-83471	N 47 35.586 E 12 59.219
09	Einmündung B305	-	N 47 36.851 E 12 57.133
10	Ramsau	D-83486	N 47 36.330 E 12 54.589
11	Hintersee	D-83486	N 47 36.124 E 12 50.805
12	Brunnhaus	D-83486	N 47 38.143 E 12 51.463
13	Gabelung nach Inzell	-	N 47 42.311 E 12 48.476
Ⓔ	Bad Reichenhall	D-83435	N 47 43.656 E 12 52.683

Die Tabelle enthält die wichtigsten Stationen der Route – ggf. wurden Orte weggelassen oder zur exakteren Navigation ergänzt; Referenzsystem der GPS-Koordinaten: WGS84.

1 — *14 km* — B20

Ⓐ In Bad Reichenhall auf der Berchtesgadener Straße (B20) stadtauswärts und der Bundesstraße 14 km bis nach Bischofswiesen folgen.

Strecke: *Belebte, aber abwechslungsreiche Bundesstraße.*

2 — *5 km* — St2100

In Bischofswiesen links in die Aschauer-Weiher-Straße (St2100) und 5 km nach Berchtesgaden – durch den Ort bis zur B305 fahren.

Strecke: *Reizvolle Nebenstrecke, garniert mit einigen schönen Kurven.*

Info: Am Fuße des Watzmanns (2713 m) ruht der beliebte Urlaubsort Berchtesgaden. Besuchen sollte man das Salzbergwerk. In Bergmannstracht geht es mit der Schmalspurbahn und auf hölzernen Rutschen rasant hinab in eindrucksvolle, unterirdische Salzwelten.

Salzbergwerk, Bergwerkstraße 83, 83471 Berchtesgaden, Tel. 086 52/600 20, www.salzzeitreise.de, Mai–Okt. Mo–So 9–17 Uhr, Nov.–Apr. Mo–So 11–15 Uhr.

3 — *2,5 km* — B305

In Berchtesgaden links auf die B305, der Bundesstraße 2,5 km bis zum Abzweig der B319 folgen.

Der kantige Watzmann überragt Berchtesgaden.

Tipp: Kehlsteinhaus

Restaurant-Tipp: An der Südzufahrt zur Roßfeldstraße (B319) liegt auf über 1800 m Höhe das Kehlsteinhaus. Es wurde einst von den Nazis oberhalb des Obersalzberges als Gäste- und Teehaus für Adolf Hitler errichtet. Vom Restaurant hat man einen einmaligen Ausblick auf die Bergwelt.

Kehlsteinhaus, 83471 Berchtesgaden, Tel. 086 52/29 69, www.kehlsteinhaus.de

4
3,5 km
B319
–

Jetzt rechts auf die B319 und 2 km bis Unterau fahren. Hier geradeaus auf den Roßfeldring und 1,5 km bis nach Oberau-Wildmoos.

5
15 km
B999

In Oberau-Wildmoos geradeaus und weiter auf dem Roßfeldring (B999) bleiben, dann 15 km über die Panoramastraße bis zur Einmündung auf die B319.

TOP TIPP ***Strecke:*** *Der Roßfeldhöhenring ist die höchste durchgehende Straße in Deutschland und besticht durch seine spannenden Steigungen und Gefälle sowie seine engen Kurven. Motorradfahrer sollten trotz des guten Belags einen Gang zurückschalten: Wegen der herrlichen Aussicht sind hier viele Autos, Busse und auch Radfahrer unterwegs, die sich nur gemächlich vorwärts bewegen. Wer das sportliche Potenzial der Strecke auskosten möchte, muss früh morgens am Kassenhäuschen stehen.*

Info: Die Maut (Mautstelle hinter dem Gasthof Pechhäusl) kann wegen der grandiosen Ausblicke als Eintrittsgeld angesehen werden. Die Scheitelstrecke (1543 m) verbindet die Parkplätze Hennenköpfl und Ahornbüchsenkopf. Vom Hennenköpfl erreicht man zu Fuß in wenigen Minuten den Aussichtspunkt Roßfeldkreuz. Im Winter muss auf der nicht gesperrten Strecke mit Eis und Schnee gerechnet werden.

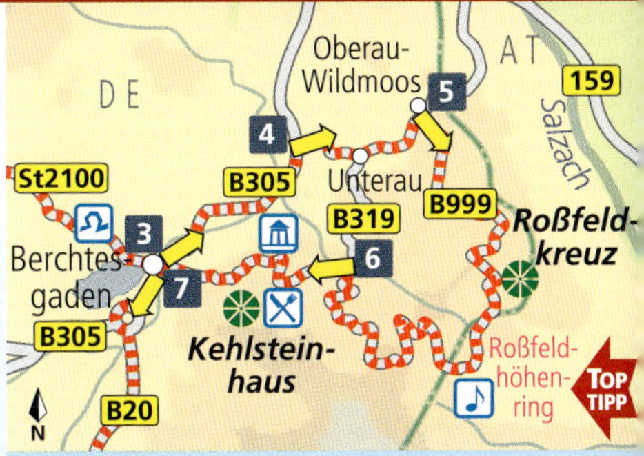

Tipp: Roßfeldhöhenringstraße

Strecke: *Zu einem echten Ring schließt sich die Roßfeldpanoramastraße, wenn man an der Einmündung zur B319 rechts abbiegt und 3,5 km bis Unterau fährt. Wer die Runde mehrfach drehen möchte, kann eine Zehnerkarte ziehen.*

Event-Tipp: Nostalgische Flitzer und ihre Piloten treffen sich einmal im Jahr auf dem Roßfeld, um bei der Roßfeld-Historic-Oldtimerrallye ihre Kräfte zu messen (www.rossfeld-historic.de).

6
5 km
B319

An der B319 links und der Bundesstraße 5 km zurück nach Berchtesgaden folgen.

Strecke: *Sehr starkes Gefälle (24 Prozent), aber gut ausgebaute Straße.*

Info: Nach 1933 machte Adolf Hitler den Berghof am Obersalzberg zu seiner Schaltzentrale. Die Dokumentation Obersalzberg am Hintereck (B319) informiert über die Geschichte der Region zur NS-Zeit.

Dokumentation Obersalzberg, Salzbergstraße 41, 83471 Berchtesgaden, Tel. 086 52/94 79 60, www.obersalzberg.de

7
5 km
B305
B20

In Berchtesgaden links auf die B305 und knapp 1 km auf der Bundesstraße durch Berchtesgaden bis zum Kreisverkehr. Hier die 4. Ausfahrt (B20) nehmen und 4 km bis Schönau fahren.

Strecke: *Eher unspektakuläre Zufahrt zum Königssee. Um an den See, der im Nationalpark Berchtesgaden liegt, zu gelangen, muss man das Motorrad auf dem kostenpflichtigen Parkplatz in Schönau abstellen.*

Info: Eine Bootsfahrt bietet die schnellste Möglichkeit, den beeindruckenden Königssee zu erkunden. Per Boot erreicht man auch die Wallfahrtskapelle St. Bartholomä am Westufer (www.seenschiffahrt.de).

Fahrspaß pur auf der Roßfeldhöhenringstraße.

Barockes Kleinod: St. Bartholomä im Königssee.

8
5 km
–

In Schönau vor dem großen Parkplatz rechts abbiegen, nach gut 1 km links in die Waldhauserstraße und 4 km bis zur Einmündung auf die B305.

Strecke: *Stop-and-go durch Orte und Wohngebiete.*

Restaurant- und Hotel-Tipp: Voll und ganz auf Biker eingestellt ist das Hotel Hanauerlehen in Schönau am Königssee. Das vom ADAC zertifizierte Haus bietet seinen Gästen Trockenraum und Schrauberecke, sichere Stellplätze sowie kompetente Touren- und Ausflugstipps. Entspannen kann man im hauseigenen Hallenbad mit Sauna und natürlich in den Gästezimmern. Auf der Terrasse werden Kaffee, selbst gebackener Kuchen und Brotzeiten serviert.

Hotel Hanauerlehen, Hanauer Weg 6, 83471 Schönau, Tel. 086 52/39 70, www.hanauerlehen.de €

9
4 km
B305

Jetzt links auf die B305 und der Bundesstraße 4 km bis zum Abzweig nach Ramsau folgen.

Info: Kurz vor dem Abzweig nach Ramsau liegt an der B305 ein Parkplatz, von dem man zu Fuß die brodelnde Wimbachklamm erreicht. Auf einem Steg kann sie sicher durchwandert werden – ein beeindruckendes Erlebnis, bei dem man die Urgewalt der Natur hautnah spürt.

Cruisen und entspannen: Die Berchtesgadener Alpen sind ein Traumrevier für Genussfahrer.

10 *6 km* St2099

Am Ortseingang von Ramsau links auf die St2099, durch den Ort und 6 km bis zum Hintersee fahren.

Info: Der Luftkurort Ramsau und seine Pfarrkirche St. Sebastian (1512) sind fast zu schön, um wahr zu sein. Im Einklang mit der Natur ruht das Kircherl über der rauschenden Ramsauer Ache und unter der Reiteralpe – ein bei Fotografen wie Filmemachern beliebtes Motiv. Allerdings hat sich die schmale Dorfstraße zur Kirche längst in eine pulsierende Ader des Fremdenverkehrs verwandelt (www.ramsau.de).

Wo der Wildbach rauscht: malerisches Ramsau.

11 *6 km* –

Vor dem Weiler Hintersee rechts abbiegen, nach 3 km links auf die Alte Reichenhaller Straße und 3 km bis zur B305 bei Brunnhaus fahren.

Strecke: *Auf schmaler Straße geht es um den malerischen, türkisblauen Hintersee herum und wieder zurück zur Bundesstraße.*

Info: Am Parkplatz im Weiler Hintersee kann man den Seitenständer ausklappen und ein paar Schritte in das für den motorisierten Verkehr gesperrte Klausbachtal wagen. Hier nisten Steinadler, und Rotwild lässt sich bei der Fütterung im Wildgatter beobachten.

Tipp: Wirtshaus Wachterl

Info: Regionale Küche in uriger Atmosphäre: Wer dem Ramsauer Idyll noch ein letztes i-Tüpfelchen aufsetzen möchte, sollte unbedingt in diesem seit 1861 bestehenden Traditionswirtshaus einkehren. Das servierte Fleisch stammt aus hauseigener Schlachtung.

Wirtshaus Wachterl, Alpenstraße 159, 83486 Ramsau, Tel. 086 57/285, www.wirtshaus-wachterl.de, Mi Ruhetag.

12
10 km
B305

Links auf die B305 auffahren und der Bundesstraße 10 km über Schneizlreuth bis zur Gabelung Reichenhall/Inzell folgen.

Strecke: *Auf der Deutschen Alpenstraße durch das waldreiche Schwarzbachtal hinab ins Saalachtal.*

Restaurant- und Hotel-Tipp: Im ADAC-geprüften Alpengasthof Weißbach unweit von Schneizlreuth sind Biker gern gesehene Gäste. Die Zimmer bieten Panorama-Bergblick, für die warmen Tage ist das Restaurant mit einer Sonnenterrasse gewappnet. Neben bayerischen Schmankerln serviert man extra für die Zweiradfans einen »Biker-Whopper«. Die Maschinen sind sicher und trocken untergebracht.

Alpengasthof Weißbach, Berchtesgadener Straße 17, 83458 Schneizlreuth,
Tel. 086 65/988 60, www.alpengasthof.de €€

13
7 km
St2101

Geradeaus auf die Thumseestraße (St2101) und 7 km zurück nach Bad Reichenhall fahren.

Strecke: *Windungsreiche Nebenstraße am Thumsee entlang.*

Info: Am Thumsee kann man das »Seemösl« besuchen, eine im Sumpfweiher gelegene Seerosenfarm. Der Betrieb ist der älteste seiner Art in Deutschland. Seit 1936 werden hier neun Seerosenarten gezüchtet.

Deutsche Alpen

Weiß-blaue Wunder

Von Bad Tölz zu Sudelfeld und Tatzelwurm

2

Ⓐ **Ausgangsort**
Bad Tölz (D-83646)

Ⓔ **Zielort**
Bayrischzell (D-83735)

97 km ★★★ ★★★

Straßentypen (in Prozent der Streckenlänge)

Landstraße/asphaltierte Nebenstraße	Bundesstraße/Schnellstraße
20	80

Pässe (2): *Sudelfeld und Tatzelwurm, Ursprungpass*

Diese Tour können Sie mit Routen 1 und 3 kombinieren.

Gäste-Information Schliersee
Perfallstraße 4
D-83727 Schliersee
Tel. 080 26/606 50
tourismus@schliersee.de
www.schliersee.de

Sudelfeld und Tatzelwurm heißen die feurigen Highlights dieser Tour, und die Kultstrecke von Bayrischzell ins Inntal nach Niederaudorf lockt im Sommer Motorradfahrer aus ganz Deutschland und den Nachbarländern an. Die unter weiß-blauem Himmel in eine traumhafte Landschaft eingebetteten Kurven und Steigungen können geübte Anfänger problemlos meistern. Konzentration erfordert allerdings der teilweise schlechte, geflickte Straßenbelag.

Route 2
Rosenheim
Raubling
Bad Feilnbach
Nußdorf am Inn
Brannenburg
Fischbachau
Wendelstein 1838
Sudelfeldpass 1123
Top Tipp
Tatzelwurm
Sudelfeld
Niederaudorf
Deutsche Alpenstraße
Auerbach
Oberaudorf
Kiefersfelden
Vorderthiersee
Thiersee
Landl
Kufstein
Österreich
Ursprungpass 836
Hinteres Sonnwendjoch 1986
Valepp
Osterhofen
Bayrischzell
Leitzachtal
Leitzach
Miesbach
Hausham
Schliersee
Schliersee
Fischhausen-Neuhaus
Spitzingsattel 1129
Spitzingsee
Deutschland
Waakirchen
Bad Tölz
Gmund am Tegernsee
Tegernsee
Tegernsee
Bad Wiessee
Rottach-Egern
Kreuth
Lenggries
Isar
Mangfall
Hirschberg 1670
Wallberg 1722
Risserkogel 1826
Halserspitz 1862
Guffertspitze 2194
Mangfallgebirge
Route
5 km
N
Inn
A8
A12
A93
B13
B15
B307
B318
B472
St2075
St2089
171
175
Freiburg
München
Salzburg
Garmisch-Partenkirchen
Oberstdorf
Innsbruck
Schweiz
Chur
Bruneck
Lienz
Airolo
St. Moritz
Meran
Cortina d'Ampezzo
Bormio
Bozen
Lugano
Trento
Italien
Bergamo
Vicenza

Tour-Stationen auf einen Blick

Tourlänge: 97 km

Nr.	Ort	PLZ	GPS-Koordinaten
Ⓐ	Bad Tölz	D-83646	N 47 45.596 E 11 35.015
02	Miesbach	D-83714	N 47 46.656 E 11 49.718
03	Schliersee	D-82727	N 47 44.064 E 11 51.865
04	Bayrischzell	D-83735	N 47 40.283 E 12 00.924
05	Tatzelwurm	D-83080	N 47 40.526 E 12 05.026
06	Niederaudorf	D-83080	N 47 39.663 E 12 10.250
07	Kufstein	A-6330	N 47 35.313 E 12 09.678
Ⓔ	Bayrischzell	D-83735	N 47 40.425 E 12 00.835

Die Tabelle enthält die wichtigsten Stationen der Route – ggf. wurden Orte weggelassen oder zur exakteren Navigation ergänzt; Referenzsystem der GPS-Koordinaten: WGS84.

1
20 km
B472

Ⓐ

Von Bad Tölz 20 km auf der B472 über Waakirchen bis zur Auffahrt auf die B307 bei Miesbach fahren.

Strecke: *Gemütliches Touren durch das Tegernseer Land.*

Restaurant- und Hotel-Tipp: Das Posthotel Kolberbräu liegt zentral in der Fußgängerzone von Bad Tölz. Trotzdem sind die Zimmer, teilweise mit Balkon ausgestattet, relativ ruhig. Bayerische und internationale Kost serviert das hauseigene Restaurant – im Sommer auch draußen im Biergarten. Motorradfahrern stehen kostenlose Garagenplätze und ein Trockenraum zur Verfügung.

Posthotel Kolberbräu, Marktstraße 29, 83646 Bad Tölz, Tel. 080 41/768 80, www.kolberbraeu.de €€

2
6 km
B307

Hier rechts auf die B307 auffahren und dem Straßenverlauf 6 km bis nach Schliersee folgen.

Event-Tipp: Das Schlierseer Bauerntheater zieht das Publikum in Scharen an. Wer seine Kenntnisse des Bayerischen testen möchte, kann Karten im örtlichen Schreibwarenhandel oder via Internet kaufen.

Schlierseer Bauerntheater, Xaver-Terofal-Platz 1, 83727 Schliersee, Vorverkauf Tel. 080 26/47 07, www.schlierseer-bauerntheater.de

3
16 km
B307

In Schliersee geradeaus, weiterhin auf der B307 bleiben und 16 km bis Bayrischzell fahren.

Strecke: *Am Schliersee entlang – in der Hauptsaison stockt der Verkehr hier leider häufiger – und weiter durchs schöne Leitzachtal.*

Info: Bayrischzell ist bereits seit Jahrzehnten voll und ganz auf den Tourismus eingestellt. Dennoch findet man im Zentrum immer noch jene alten bäuerlichen Häuser, die einst Keimzelle des Ortes waren. Der 1838 m hohe Wendelstein heißt in Bayrischzell »Hausvater«, seinen Gipfel, auf dem eine dem Viehpatron Wendelin geweihte Kapelle thront, kann gleich zweifach bequem erreicht werden: Von Brannenburg schnauft eine Zahnradbahn hinauf, und von Bayrischzell-Osterhofen schwebt eine Seilbahn Richtung Gipfel. In luftiger Höhe wurde ein Panoramaweg angelegt, der eine fantastische Rundumsicht bietet. Wem es in solcher Höhe schwindelt, kann in die eiskalte Wendelstein-Höhle, die 200 m weit begehbar ist, hinabsteigen.

Restaurant- und Hotel-Tipp: Im Gasthof Wendelstein in Bayrischzell wurde 1883 der erste Trachtenverein Deutschlands gegründet. Urbayerisch ist die Stimmung. Im Jägerstüberl werden Milzwurst, Lüngerl oder Krautwickerl serviert, die Zimmer sind individuell eingerichtet.

Gasthof Wendelstein, Ursprungstraße 1, 83735 Bayrischzell, Tel. 080 23/808 90, www.gasthof-wendelstein.de €

A Spitzingsee

Strecke: *Hinter Fischhausen-Neuhaus zweigt nach rechts die gut ausgebaute, 5 km lange Straße über den Spitzingsattel (1129 m) zum Spitzingsee ab.*

Info: Versteckt in den Schlierseer Bergen liegt der Spitzingsee. Vom Spitzingsattel hat man einen tollen Blick auf den Schliersee und das Leitzachtal. Am Spitzingsee selbst trifft man andere Biker oder dreht eine Bootsrunde (www.bootsverleih-spitzingsee.de).

Restaurant- und Hotel-Tipp: Im Berggasthof Alte Wurzhütte am Spitzingsee kann man sich mit einer Brotzeit stärken. Es gibt einen kleinen Biergarten und auch Gästezimmer.

Alte Wurzhütte Spitzingsee, Roßkopfweg 1, 83727 Schliersee, Tel. 080 26/606 80, www.alte-wurzhuette.de €€

4
12 km
B307

In Bayrischzell geradeaus (B307) und 12 km über das Sudelfeld bis zum Abzweig Tatzelwurm.

TOP TIPP ***Strecke:*** *Über das Sudelfeld und den Sudelfeldpass (1123 m), ein Teilstück der Deutschen Alpenstraße, das Biker in Scharen anzieht. Die Kurvenhatz wird allerdings durch Bitumenflicken, Überholverbote und ein Tempolimit eingeschränkt. Dennoch gilt das Sudelfeld als einer der beliebtesten Motorradtreffpunkte in Deutschland.*

Restaurant- und Hotel-Tipps: Simones Bikertreff im Unteren Sudelfeld ist ein beliebter, belebter Tummelplatz für Motorradfahrer. An schönen Wochenenden finden sie sich hier zu Hunderten ein. Gelobt werden die Leberknödelsuppe und die leckeren Kuchen der Wirtin.

Zünftig geht es in der Hütte Speck-Alm im Oberen Sudelfeld zu. Der Name ist Programm: deftige Brotzeiten, Spanferkel und Volksmusik bis tief in die Nacht. Es sind auch preiswerte Übernachtungsmöglichkeiten vorhanden. Die Zufahrt zum Oberen Sudelfeld liegt etwas versteckt nach der vierten Kehre hinter Simones Bikertreff.

Simones Bikertreff, Unteres Sudelfeld 7, 83735 Bayrischzell, Tel. 080 23/333.

Speck-Alm, Oberes Sudelfeld 2, 83735 Bayrischzell, Tel. 080 23/14 42, www.speck-alm.de €

5

8 km

–

Hier rechts abbiegen und über den Tatzelwurm 8 km bis nach Niederaudorf fahren.

Strecke: Kehrenreich über die legendäre Tatzelwurmstraße, auf der wir uns schwungvoll durch viele enge, reizvolle Dörfer ins Tal winden.

Info: In der Nähe des Abzweiges sollte man einen Boxenstopp einlegen und zum Tatzelwurm-Wasserfall laufen. Aus 70 m Höhe stürzt sich der Auerbach in die tief eingeschnittene, nur wenige Meter breite Gumpei-Schlucht. Ein wahrlich imponierendes Schauspiel. Der Zugang zur Klamm wurde mit einem Weg und je einer Brücke im oberen und unteren Abschnitt erschlossen. Der Name Tatzelwurm bezeichnet eines der vielen alpenländischen Fabeltiere. Der Wurm soll zwar nicht länger als zwei Meter gewesen sein, aber ausgesprochen gefährlich für Mensch und Tier. Angeblich war das Untier vor allem in Südtirol heimisch, aber auch in der Klamm mit dem nach ihm benannten Wasserfall soll es gehaust haben.

Restaurant- und Hotel-Tipp: Auch im Gasthof »Feuriger Tatzlwurm« in einer Kurve gleich unterhalb des Abzweigs treffen sich Motorradfahrer gerne. Die exklusiven, liebevoll eingerichteten Zimmer und Suiten sowie der schöne Ausblick laden ein, hier die Nacht zu verbringen.

Feuriger Tatzlwurm, Tatzelwurmstraße 1, 83080 Oberaudorf, Tel. 080 34/300 80, www.tatzlwurm.de €€

A Tatzelwurm Mautstraße

Strecke: Alternativ kann man am Tatzelwurm auch geradeaus fahren und 8 km in nördlicher Richtung auf wunderschön kurviger, steiler und enger Waldstraße hinab ins Inntal schaukeln. Die Strecke ist mautpflichtig, abends aber wirklich kaum befahren. In Brannenburg dann rechts auf die St2089; nach 10 km findet man in Niederaudorf wieder Anschluss an die Hauptroute.

Einsamer Genießer: Auf der mautpflichtigen Alternativstrecke ist abends wenig los.

6
10 km
St2089
B171

In Niederaudorf an der Kreuzung mit der Rosenheimer Straße (St2089) rechts und 10 km, ab Kiefersfelden auf der B171, bis nach Kufstein.

Strecke: *Durchs dicht besiedelte Inntal nach Österreich hinein.*

Restaurant- und Hotel-Tipps: Der urige Ochsenwirt in Oberaudorf ist bekannt für seine raffinierte bayerische Küche und bietet auch Gästezimmer. Gemütlich untergebracht sind Motorradfahrer auch im Bayerischen Hof. Auf der Terrasse genießt man fantasievolle Menüs und selbst gebackene Leckereien. Sichere Stellplätze sind vorhanden.

Gasthof Ochsenwirt, Carl-Hagen-Straße 14, 83080 Oberaudorf, Tel. 080 33/307 90, www.ochsenwirt.com €

Bayerischer Hof, Sudelfeldstraße 12, 83080 Oberaudorf, Tel. 080 33/923 50, www.hotel-in-oberaudorf.com €€

7
25 km
175
–
St2075

In Kufstein im Kreisel hinter der Autobahn die 1. Ausfahrt (175) nehmen, gleich wieder links auf die Thierseestraße und 25 km, ab der Grenze auf der St2075, nach Bayrischzell fahren.

Strecke: *Über den einsamen Ursprungpass (836 m) zurück nach Bayern.*

Spritzige Abfahrt Richtung Niederaudorf.

Gemütlicher Ausklang beim Ochsenwirt.

Ein absolutes Motorrad-Highlight in den bayerischen Alpen: die kurvenreiche Fahrt übers Sudelfeld und die Tatzelwurmstraße hinunter ins Inntal.

Nette Nachbarn

Lechtaler und Stubaier Alpen, Zugspitzregion

3

Ⓐ **Ausgangsort**
Murnau (D-82418)

Ⓔ **Zielort**
Murnau (D-82418)

318 km ★★★★ ★★★

Straßentypen (in Prozent der Streckenlänge)

Landstraße/asphaltierte Nebenstraße	Bundesstraße/Schnellstraße
40	60

Pässe (6): *Ammersattel, Hahntennjoch, Kühtaisattel, Holzleitensattel, Fernpass, Kesselberg*

Diese Tour können Sie mit Routen 2, 4 und 6 kombinieren.

Tourist-Info Garmisch-Partenkirchen
Richard-Strauß-Platz 2
D-82467 Garmisch-Partenkirchen
Tel. 088 21/18 07 00
tourist-info@gapa.de
www.gapa.de

Sechs Passstraßen stehen auf dem Programm bei dieser recht langen Tour, die in Bayern startet und tief hinein in die österreichischen Alpen führt. Richtig hoch hinaus geht es am Hahntennjoch in den Lechtaler Alpen und am wenig befahrenen Kühtaisattel, bevor wir dann das Zugspitzmassiv mit dem höchsten deutschen Gipfel ins Visier nehmen. Ein Top-Erlebnis zum Abschluss der Runde ist die Rallye über die beliebte Kesselbergstrecke.

Route 3
DEUTSCHLAND
ÖSTERREICH
Freiburg
München
Salzburg
Garmisch-Partenkirchen
Oberstdorf
Innsbruck
SCHWEIZ
Chur
Bruneck
Lienz
Airolo
St. Moritz
Meran
Cortina d'Ampezzo
Bormio
Bozen
Lugano
Trento
ITALIEN
Bergamo
Vicenza
A7
B16
B17
Lech
Forggensee
Füssen
Pfronten
Sonthofen
Tannheimer Berge
1178
Oberjochpass
Tannheim
1093
Gaichtpass
Fischen
Nebelhorn 2224
Oberstdorf
Weißenbach am Lech
198
Stanzach
Elmen
Allgäuer Alpen
Lechtaler Alpen
1894
Hahntennjoch
Heiterwand 2638
Imst
Parseierspitze 3036
197
Landeck
171
A12
Reutte
179
Bad Kreckelmoos
Plansee
Bichlbach
Lermoos
Ehrwald
Fernpass 1212
Nassereith
189
Holzleitensattel 1119
Obsteig
Telfs
Mieminger Gebirge
Ötztal-Bahnhof
Sautens
Oetz
Kühtai
Kühtaisattel 2017
Sellrain
Piburger See
Ötztaler Ache
186
ÖSTERREICH
Hohe Bleick 1638
Ammergebirge
Linderhof
Graswang
St2060
1118
Ammersattel
Oberammergau
Ettal
Oberau
B23
B2
Staffelsee
Riegsee
Murnau
A95
St2062
Kochelsee
Kochel am See
Loisach
Herzogstand 1731
859
Kesselberg
TOP TIPP
Walchensee
Sylvensteinspeicher
B11
B307
181
Juifen 1987
Lenggries
Isar
Penzberg
Bad Tölz
B13
Grainau
Eibsee
Zugspitze 2962
187
Alpspitze 2628
Wettersteingebirge
Garmisch-Partenkirchen
Klais
Krün
Mittenwald
Achensee
Karwendelgebirge
Birkkarspitze 2749
Sonnjoch 2457
Großer Bettelwurf 2725
177
Seefeld in Tirol
Zirl
Inn
Innsbruck
Kematen
Hall
Schwaz
A13
182
N
Route
10 km
1
2
3
4
5
6
7
8
9
10
11
12
13
14
15
16
17
18

Tour-Stationen auf einen Blick

Tourlänge: 318 km

Nr.	Ort	PLZ	GPS-Koordinaten
A	Murnau	D-82418	N 47 39.967 E 11 12.011
02	Oberau	D-82496	N 47 33.499 E 11 08.200
03	Ettal	D-82488	N 47 34.237 E 11 04.830
04	Bad Kreckelmoos	A-6600	N 47 28.989 E 10 44.342
05	Reutte	A-6600	N 47 29.327 E 10 43.040
06	Elmen	A-6644	N 47 19.872 E 10 32.190
07	Imst	A-6460	N 47 14.750 E 10 44.467
08	Imst/Auffahrt 171	-	N 47 13.269 E 10 45.486
09	Ötztal-Bahnhof	A-6430	N 47 13.901 E 10 51.213
10	Oetz	A-6433	N 47 12.104 E 10 53.990

Nr.	Ort	PLZ	GPS-Koordinaten
11	Kematen in Tirol	A-6175	N 47 14.894 E 11 16.087
12	Zirl/Auffahrt 171	-	N 47 15.984 E 11 15.851
13	Telfs	A-6410	N 47 18.446 E 11 04.552
14	Nassereith	A-6465	N 47 18.137 E 10 50.615
15	Lermoos	A-6631	N 47 24.426 E 10 52.091
16	Garm.-Partenkirchen	D-82467	N 47 29.535 E 11 05.177
17	Krün	D-82494	N 47 29.891 E 11 16.662
18	Kochel am See	D-82431	N 47 39.574 E 11 22.040
E	Murnau	D-82418	N 47 40.489 E 11 12.093

Die Tabelle enthält die wichtigsten Stationen der Route – ggf. wurden Orte weggelassen oder zur exakteren Navigation ergänzt; Referenzsystem der GPS-Koordinaten: WGS84.

1
15 km
B2

Ⓐ

Von Murnau auf der Garmischer Straße (B2) stadtauswärts und 15 km bis Oberau fahren.

Info: Vor 100 Jahren war Murnau ein Künstlerdorf. Wassily Kandinsky, August Macke und Franz Marc kamen zum Malen, auch Ödön von Horváth wuchs hier auf und porträtierte seine Mitbürger später auf der Bühne. Im Münter-Haus ist die Stimmung der Zeit erhalten geblieben.

Münter-Haus, Kottmüllerallee 6, 82418 Murnau, Tel. 08841/62 88 80, Di–So 14–17 Uhr, Infos im Internet unter www.lenbachhaus.de

Restaurant- und Hotel-Tipp: Biker mit Stil finden im ADAC-Motorradhotel Angerbräu in Murnau ihr Glück. Moderne Architektur trifft hier auf Baustile des 17. Jahrhunderts, und im Restaurant serviert man kühn bayerische Tapas. Informieren sollte man sich über das »Motorradspezial«, das zwei Nächte mit Bikermenü beinhaltet.

Hotel Angerbräu, Untermarkt 44, 82418 Murnau, Tel. 08841/62 58 76, www.angerbraeu.de €€

2
7 km
B23

In Oberau halbrechts in die Ettaler Straße (B23) und 7 km bis zum Abzweig hinter Ettal fahren.

Strecke: *Kurvenreiche Straße bergan, die zu Füßen des Laber (1684 m), des stolzen Hausbergs der Oberammergauer, verläuft.*

Tipp: Kloster Ettal

Info: Eindrucksvoll erhebt sich das Benediktinerkloster Ettal über dem Ort Ettal. 1130 gegründet, wurde der gotische Zentralbau im 18. Jahrhundert barockisiert. Eine Augenweide ist das Kuppelfresko im Rundbau der Klosterkirche (www.kloster-ettal.de).

3
34 km
St2060

Hinter Ettal links in Richtung Plansee/Reutte abbiegen und 34 km auf der St2060 bis nach Bad Kreckelmoos kurz vor Reutte fahren.

Strecke: *Auf schmaler Straße an Schloss Linderhof vorbei und über den wenig befahrenen Ammersattel (1118 m) nach Österreich. Hinter der Passhöhe, die bereits in Tirol liegt, erwarten uns einige schöne Kurven. Traumhaft ist dann die Fahrt entlang des malerisch gelegenen Plansees.*

Info: Das verspielte, ein wenig kitschige Schloss Linderhof des bayerischen Märchenkönigs Ludwig II. ist heute eine der meistbesuchten Attraktionen Bayerns. Inspiriert wurde die neobarocke Anlage (1869) von den Bühnenwerken des Komponisten Richard Wagner. Sinnbilder düsterer Romantik finden sich überall im Park rund um das Schloss, etwa in der berühmten Venusgrotte oder in der Hundinghütte.

Schloss Linderhof, Linderhof 12, 82488 Ettal, Tel. 088 22/92 03 49, www.schloss-linderhof.de, April–Mitte Okt. Mo–So 9–18 Uhr, Mitte Okt.–März Mo–So 10–16 Uhr.

Restaurant- und Hotel-Tipp: Beim Fischerwirt in Graswang, östlich von Linderhof, finden Biker rustikal eingerichtete Gästezimmer. Auch eine Ferienwohnung wird vermietet. In der Gaststube kann man sich mit Brotzeitschmankerln oder frischen Saiblingen stärken.

Gasthaus zum Fischerwirt, Linderhofer Straße 15, 82488 Ettal-Graswang, Tel. 088 22/63 52, www.zum-fischerwirt.de €€

Kloster Ettal inmitten der Ammergauer Alpen.

Der einladende Fischerwirt in Graswang.

4 *2 km* –

Im Kreisel bei Bad Kreckelmoos die 1. Ausfahrt nehmen und 2 km (Planseestraße) ins Zentrum von Reutte bis zum nächsten Kreisverkehr.

5 *25 km* 198

Im Kreisel die 3. Ausfahrt nehmen und auf die 198 Richtung Lechtal abbiegen. Der Straße 25 km über Stanzach bis Elmen folgen – am Ort vorbei.

Strecke: *Auf schneller, schnurgerader Straße zügig am Lech entlang.*

6 *28 km* –

Hinter Elmen links abbiegen und dann 28 km weiter auf kleiner Straße bis nach Imst fahren.

Strecke: *Teils schmale Passstraße über das Hahntennjoch (1894 m) mit hohem Erlebniswert! Bei Nässe rutschiger Belag. Mai bis Oktober offen.*

Info: Das Hahntennjoch liegt auf dem landschaftlich wilden Übergang vom Lechtal ins Inntal. Unmittelbar neben der Straße dehnen sich gewaltige Ausläufer riesiger Schottermuren aus, dazwischen tiefe Furchen, durch die im Winter die Lawinen abgehen. Eine beispielhafte Szenerie für die Urgewalt der Natur, die von mächtigen Felswänden und dem gewaltigen Panorama der Lechtaler Alpen umrahmt wird.

Traumhafte Auffahrt zum Hahntennjoch.

7
2 km
–

In Imst rechts in die Pfarrgasse abbiegen, knapp 2 km geradeaus durch den Ort und über den Kreisel hinweg bis zur Bundesstraße 171.

8
11 km
171

Jetzt links auf die 171 und 2 km bis zum übernächsten Kreisel. Hier die 3. Ausfahrt nehmen und 9 km weiter auf der 171 bis Ötztal-Bahnhof.

Strecke: *Verkehrsreiche Bundesstraße.*

9
6 km
186

Im Kreisel vor Ötztal-Bahnhof rechts (1. Ausfahrt) auf die 186 in Richtung Ötztal/Sölden abfahren, dann 6 km bis Oetz.

Restaurant- und Hotel-Tipp: Der Hausherr des Biker-Gasthofs Post in Sautens – auch bekannt als »Ötzi-Rider« – fährt selbst Motorrad und nimmt seine Gäste gerne ins Schlepptau. Das Kochen übernimmt derweil seine ausgezeichnete Küchencrew.

Biker-Gasthof Post, Dorfstraße 46, A-6432 Sautens, Tel. 00 43/(0)52 52/62 37, www.gasthof-post.at €€

Immer die besten Aussichten.

10
41 km
–

In Oetz links Richtung Kühtai abbiegen und 41 km bis nach Kematen in Tirol fahren.

Strecke: *Ein echter Kurvenreigen auf gut ausgebauter Straße hinauf zum Kühtaisattel (2017 m) und ins einsame Sellraintal. Die Abfahrt nach Kematen ist dann eher unspektakulär. Keine Wintersperre. Vorsicht: Immer wieder blockiert frei laufendes Weidevieh die Straße, und auch rutschige Kuhfladen auf dem Asphalt können tückisch sein.*

Info: An heißen Tagen bietet ein Sprung in den Piburger See eine willkommene Abkühlung. Er liegt südlich, oberhalb von Oetz.

11
3 km
–

In Kematen links halten, über den Kreisel fahren, dann 3 km bis zur Autobahn und unter ihr hindurch bis zur Auffahrt auf die 171.

12
16 km
171

Jetzt geradeaus auf die 171 in Richtung Zirl, der Bundesstraße 16 km durch den Ort bis Telfs folgen.

Strecke: *Viel befahrene Bundesstraße durchs dicht besiedelte Inntal, die parallel zur mautpflichtigen Autobahn verläuft.*

Einsame Fahrt über den Kühtaisattel.

13
23 km
189

In Telfs im zweiten Kreisel die 1. Ausfahrt auf die 189 nehmen, weiter durch den Ort und 23 km bis nach Nassereith fahren.

Strecke: *Über den recht stark frequentierten Holzleitensattel (1119 m).*

Info: Landschaftlich einladend präsentiert sich das Mieminger Plateau, man genießt herrlich weite Ausblicke über das Inntal.

Restaurant- und Hotel-Tipp: Motorrad- und Oldtimerfreunden bietet das Gasthof-Restaurant Panorama in Obsteig auf dem Mieminger Plateau einen ganz besonderen Service.

Gasthof-Restaurant Panorama, Holzleiten 77, A-6416 Obsteig,
Tel. 00 43/(0)52 64/81 04, www.gasthof-panorama.at €€

14
20 km
179

In Nassereith geradeaus auf die Fernpass-Bundesstraße (179) fahren, 20 km bis Lermoos.

Strecke: *Der Fernpass (1212 m) ist leider oft überlastet.*

15
25 km
187
B23

An der Abfahrt Lermoos rechts auf die B187 in Richtung Deutschland und 25 km auf der 187/B23 bis nach Garmisch-Partenkirchen fahren.

Immer viel los: der Fernpass in der Hauptsaison.

16
17 km
–
B2

Im Zentrum von Garmisch rechts in die Alpspitzstraße, nach knapp 0,5 km links und 1,5 km über die St.-Martin-Straße und die Bahnhofstraße bis zur B2. Rechts Richtung Mittenwald abbiegen und 15 km über Klais bis zur Abfahrt bei Krün.

Strecke: *Etwas lästige Stadtdurchquerung, dann reizvolle Fahrt auf der B2 durchs Werdenfelser Land – im Sommer oft viel Verkehr.*

Info: Eine Fahrt mit der Zahnradbahn zur Zugspitze, Deutschlands höchstem Berg, dauert ab Garmisch-Partenkirchen 75 Minuten. Dann geht es mit der Seilbahn weiter in Richtung Gipfel. Bei gutem Wetter hat man von hier oben eine grandiose Aussicht über die Alpen.

Bayerische Zugspitzbahn Bergbahn AG, Olympiastraße 27, 82467 Garmisch-Partenkirchen, Tel. 088 21/79 70, www.zugspitze.de

Hotel-Tipp: Das zentral in Garmisch-Partenkirchen gelegene Gästehaus Alpenkranz ist gut auf Biker eingestellt. Für die Motorräder gibt es einen absperrbaren, überdachten Einstellplatz, für die Fahrer ein Partnerprogramm für motorradfreie Tage.

Gästehaus Alpenkranz, Angerstraße 7, 82467 Garmisch-Partenkirchen, Tel. 088 21/42 17, www.alpenkranz-garmisch-partenkirchen.de €

Tipp: Partnachklamm

Strecke: *Vor dem Ortsausgang Garmisch-Partenkirchen rechts in die Wildenauer Straße abbiegen, dann ca. 1,5 km.*

Info: Die Partnachklamm ist eines der schönsten Naturdenkmäler Bayerns. Die bis zu 80 m tiefe Schlucht kann auf einer Länge von 700 m durchquert werden. Dazu mussten Stollen und Durchgänge in die Felswände gesprengt werden (www.partnachklamm.eu).

Beklemmend schön: die Partnachklamm.

17
26 km
B11

Jetzt rechts über die Schlaufe durch Krün auf die B11 und 26 km über Walchensee nach Kochel.

TOP TIPP

Strecke: *Landschaftlich wie fahrerisch ein besonderer Genuss. Die Straße am Westufer des Walchensees schlängelt sich der Kesselberg-Passhöhe (859 m) entgegen. Es gilt Tempo 60 und Überholverbot. Vor allem freitags tummeln sich hier die Biker, denn an Wochenenden ist die Strecke von Kochel in Richtung Walchensee für Motorräder gesperrt, in Gegenrichtung kann die Kesselbergstrecke aber befahren werden. Auf halbem Weg sollte man an der Aussichtskehre einen Boxenstopp einlegen und den weiten Blick über den Kochelsee genießen.*

Info: Sehr sehenswert ist das Franz Marc Museum in Kochel. Hier sind bedeutende Werke des deutschen Expressionisten und Mitbegründers der Künstlergruppe »Der blaue Reiter« ausgestellt. Am Kochelsee hat Marc gelebt und gemalt – ein wahrhaft idyllischer Ort, auch wenn die Wassertemperatur selbst im Sommer selten zum Baden einlädt.

Franz Marc Museum, Franz-Marc-Park 8–10, 82431 Kochel, Tel. 088 51/92 48 80, www.franz-marc-museum.de, Apr.–Okt. Di–So 10–18 Uhr, Nov.–März Di–So 10–17 Uhr.

Spannende Schräglagen, fantastische Aussicht: Am Walchensee kommt enormer Fahrspaß auf.

18
17 km
St2062

In Kochel links (Schlehdorfer Straße) und 17 km auf der St2062 zurück nach Murnau fahren.

Vom Aussichtspunkt auf dem Kesselberg hat man einen tollen Blick auf den Kochelsee.

Deutsche Alpen

Seitensprung ins Gipfelglück

Allgäuer und Lechtaler Alpen

Ⓐ **Ausgangsort**
Oberstdorf (D-87561)

Ⓔ **Zielort**
Oberstdorf (D-87561)

229 km ★★★★ ★★★★

Straßentypen (in Prozent der Streckenlänge)

25 | 75

■ Landstraße/asphaltierte Nebenstraße
■ Bundesstraße/Schnellstraße

Pässe (6): *Riedbergpass, Hochtannbergpass, Flexenpass, Kelmer Sattel, Gaichtpass, Oberjochpass*

Diese Tour können Sie mit Routen 3 und 5 kombinieren.

Oberstdorf Tourismus
Prinzregentenplatz 1
D-87561 Oberstdorf
Tel. 083 22/700 00
info@oberstdorf.de
www.oberstdorf.de

Warum nicht mal ausgiebig über den Tellerrand blicken? In der folgenden Tour dient uns das Allgäu als Startrampe ins Glück, das wir im Bregenzerwald und in den Lechtaler Alpen in Österreich suchen. Die Pässe, die wir dabei überqueren, sind zwar nicht himmelhoch, bieten aber zumindest eine gute Portion Kurvenspaß. Hinzu kommt, dass man oft auf wenig befahrenen Pisten unterwegs ist und somit kaum Stau- oder Kolonnengefahr besteht.

Route 4
Oberstaufen
Immenstadt
Sonthofen
Oberjoch
Oberjoch-pass 1178
Bad Hindelang
Tannheim
Haldensee
Gaishorn 2247
Pfronten
Füssen
Weißen-see
Forggen-see
Alpsee
Ammersattel 1118
Reutte
Plansee
Heiterwanger See
Heiterwang
Gaicht-Pass 1093
Weißenbach a. Lech
Bichlbach
Lermoos
Ehrwald
Fernpass 1212
Kelmer Sattel 1360
Top Tipp
Namlos
Namloser Tal
Stanzach
Knittelkar-spitze 2378
Elmen
Häselgehr
Taschach
Boden
Hahntennjoch 1894
Muttekopf 2774
Nassereith
Holzleiten-sattel 1119
Tarrenz
Imst
Inn
Zams
Landeck
Flirsch
St. Jakob a. Arlberg
Arlbergpass 1793
Stuben
Zürs
Flexen-pass 1773
Lech
Warth
Schröcken
Hochtannberg-pass 1676
Steeg
Kaisers
Stockach
Bach
Wetterspitze 2895
Kreuzjochspitze 2672
Parseierspitze 3036
Lechtaler Alpen
Allgäuer Alpen
ÖSTERREICH
DEUTSCHLAND
Gr. Krottenkopf 2656
Hochvogel 2592
Nebelhorn 2224
Oberstdorf
Heini-Klopfer-Skiflugschanze
Fischen i. Allgäu
Iller
Tiefenbach
Riedbergpass 1420
Deutsche Alpenstraße
Balderschwang
Hochgrat 1832
Breitachklamm
Riezlern
Kanzelwand 2059
Kleinwalsertal
Baad
Hoher Ifen 2230
Hittisau
Krumbach
Bregenz
Pfänder 1064
Müsel-bach
Schwarzen-berg
Andelsbuch
Bersbuch
Dornbirn
Reuthe
Mellau
Schnepfau
Bregenzerwald-straße
Au
Bregenzer-bach
Argen-bach
Damüls
Bregenzerwald
Hoher Freschen 2004
Faschina-joch 1486
Furkasattel 1759
B19
B308
B17
199
198
179
189
316
A12
S16
200
205
201
1
2
3
4
5
6
7
8
9
10
11
12
13
14
A
E
Freiburg
DEUTSCHLAND
München
Salzburg
Garmisch-Partenkirchen
Oberstdorf
SCHWEIZ
Innsbruck
ÖSTERREICH
Chur
Bruneck
Lienz
Airolo
St. Moritz
Meran
Cortina d'Ampezzo
Bormio
Bozen
Lugano
Trento
ITALIEN
Bergamo
Vicenza
N
Route
10 km

Tour-Stationen auf einen Blick

Tourlänge: 229 km

Nr.	Ort	PLZ	GPS-Koordinaten
(A)	**Oberstdorf**	D-87561	N 47 24.767 E 10 16.521
02	**Oberstdorf**	D-87561	N 47 25.476 E 10 16.062
03	**Fischen im Allgäu**	D-87538	N 47 27.616 E 10 15.969
04	**Hittisau**	A-6952	N 47 27.515 E 09 57.226
05	**Müselbach**	A-6861	N 47 27.142 E 09 52.791
06	**Au**	A-6883	N 47 19.424 E 09 58.589
07	**Warth**	A-6767	N 47 15.474 E 10 11.010
08	**Stanzach**	A-6642	N 47 22.977 E 10 33.660
09	**Bichlbach**	A-6621	N 47 25.197 E 10 47.296
10	**Reutte**	A-6600	N 47 28.689 E 10 43.787

Nr.	Ort	PLZ	GPS-Koordinaten
11	**Reutte**	A-6600	N 47 29.346 E 10 43.086
12	**Weißenbach am Lech**	A-6671	N 47 26.446 E 10 38.573
13	**Oberjoch**	D-87541	N 47 31.029 E 10 24.500
14	**Sonthofen**	D-87527	N 47 31.215 E 10 16.056
(E)	**Oberstdorf**	D-87561	N 47 24.514 E 10 16.548

Die Tabelle enthält die wichtigsten Stationen der Route – ggf. wurden Orte weggelassen oder zur exakteren Navigation ergänzt; Referenzsystem der GPS-Koordinaten: WGS84.

1 — 2 km — –

Oberstdorf über die Sonthofener Straße verlassen und 2 km bis zur B19 fahren.

Info: Oberstdorf ist vor allem in Sachen Skisport bestens bekannt. Die Heini-Klopfer-Skiflugschanze im Stillachtal aus dem Jahr 1949 kann ganzjährig besichtigt werden. Von hier oben hat man einen herrlichen Ausblick, sofern man nicht von Höhenangst geplagt wird.

Restaurant- und Hotel-Tipp: Das exklusive Alpenhotel Tiefenbach in Tiefenbach bei Oberstdorf trägt das ADAC-Qualitätssiegel für motorradfreundliche Hotels und bietet sehr schöne, im Landhausstil eingerichtete Zimmer und Suiten mit Balkon oder Terrasse. Das Angebotspaket »Biker-Tage« umfasst drei Übernachtungen mit Halbpension, Lunchpakete für unterwegs sowie einen Garagenstellplatz.

Alpenhotel Tiefenbach, Falkenstraße 15, 87561 Oberstdorf, Tel. 083 22/70 20, www.alpenhotel-tiefenbach.de €€€

2 — 4,5 km — B19

Im Kreisverkehr die 1. Abfahrt nehmen und der B19 4,5 km bis nach Fischen im Allgäu folgen.

Strecke: *Verkehrsreiche Bundesstraße.*

Auf 1420 m Höhe am Riedbergpass.

3
29 km
–

In Fischen links auf die Beslerstraße in Richtung Österreich und 29 km bis nach Hittisau fahren.

Strecke: *Kurvenreiche Strecke über den Riedbergpass (1420 m), Teilstück der Deutschen Alpenstraße. Leider auf 40 km/h begrenzt. Gute Gelegenheit, die wundervolle Landschaft bei offenem Visier zu genießen.*

4
6,5 km
205

In Hittisau links auf die 205 in Richtung Dornbirn abbiegen, dann 6,5 km bis Müselbach.

Strecke: *Schnelles Verbindungsstück.*

5
26 km
200

In Müselbach an der T-Kreuzung links auf die 200 und über Reuthe 26 km bis Au fahren.

Strecke: *Auf der breiten, schön zu fahrenden Bregenzerwaldstraße.*

Info: Das Wälderbähnle verkehrt von Mai bis Oktober zwischen Bezau und Schwarzenberg (6,1 km). Abwechselnd mit der 100 Jahre alten Dampflok oder einer der historischen Diesellokomotiven sieht man das Bähnle schon von Weitem durch die schöne Landschaft schnaufen.

Verein BWB, A-6941 Langenegg, Tel. 00 43/(0)6 64/466 23 30, www.waelderbaehnle.at

Große Freiheit: die Bregenzerwaldstraße.

Das Wälderbähnle im Bregenzerwald.

6
23 km
200

Geradeaus durch Au in Richtung Hochtannbergpass, weiter der Bregenzerwald-Bundesstraße (200) 23 km bis Warth folgen.

Strecke: *Flotter Kurventanz über den gut ausgebauten, herrlichen Hochtannbergpass (1676 m).*

Hotel-Tipp: »Haus der 59 Pässe« nennt sich das Hotel Post in Au gern. Das MoHo-Hotel bietet sichere Abstellplätze, einen Trockenraum sowie viele weitere Serviceleistungen für Motorradfahrer.

Hotel Post, Argenau 100, A-6883 Au, Tel. 00 43/(0)55 15/41 03, www.motorradhotel.at €€

Gut ausgebaut: der Hochtannbergpass.

7
40 km
198

In Warth links halten in Richtung Reutte und 40 km auf der Bundesstraße 198 bis Stanzach fahren.

Strecke: *Landschaftlich reizvolle und schnelle Strecke durchs Lechtal. In die andere Richtung geht es zum Flexenpass (siehe Abstecher).*

Restaurant- und Hotel-Tipp: Ein beliebter Treffpunkt für Biker ist die Sonnenterrasse des Gasthauses Tirolerhof in Warth. Es gibt großzügige Appartements für Fahrer, die etwas länger bleiben wollen.

Gasthof Tirolerhof, Dorf 10, A-6767 Warth, Tel. 00 43/(0)55 83/28 67, www.warth.tv €€

Aussichtsreicher Abstecher zum Flexenpass.

8
26,5 km
–

In Stanzach rechts abbiegen und durch das Namloser Tal 26,5 km bis nach Bichlbach fahren.

TOP TIPP ***Strecke:*** *Geniale Kurven und guter Straßenbelag über den Kelmer Sattel (1360 m). So macht Motorradfahren richtig Freude!*

Info: Das Namloser Tal macht seinem Namen alle Ehren, es scheint tatsächlich kaum bekannt zu sein. Abgesehen von ein paar eingeweihten Motorradfahrern trifft man auf dieser Straße zumindest kaum jemanden an. Bis zum Dorf Namlos windet sich die Strecke in engen Kurven am rechten Talrand entlang. Hinter Namlos geht es über den Kelmer Sattel und durch das enger werdende Tal bis nach Bichlbach.

9
9,5 km
179

In Bichlbach links halten und 0,5 km bis zur 179, hier links und 9 km in Richtung Reutte.

Strecke: *Auf der verkehrsreichen Fernpass-Straße.*

10
1,5 km
198

Am Straßendreieck vor Reutte rechts auf die 198 abfahren und 1,5 km durch den Ort bis zum Kreisverkehr am Obermarkt fahren.

Strecke: *Lebhafter Stadtverkehr.*

A Flexenpass

Info: Der Flexenpass (1773 m) verbindet Nord und Süd, das Lechtal mit dem Arlberg. Anfangs schmal und kurvenreich, strebt die Strecke ab Lech unaufhaltsam in die Höhe, bis im Wintersportort Zürs der Scheitel erreicht ist. Bis zum Endpunkt der Flexenpassstraße in Stuben-Rauz sind es von Warth aus rund 17 km. Da der Straßenbelag hinter der Passhöhe mitunter in schlechtem Zustand ist, sollte man konzentriert fahren.

Restaurant- und Hotel-Tipp: Auf der anderen Seite des Flexenpasses, in Stuben bietet das Biker-Hotel Berg-Klause wunderschöne Zimmer, eine tolle Atmosphäre und jeden Abend ein leckeres Schlemmerbüfett.

Alpengästehaus Berg-Klause, Egganaweg 59, A-6762 Stuben, Tel. 00 43/(0)55 82/551, www.berg-klause.at €€

11
8,5 km
198

Im Kreisverkehr die 2. Ausfahrt nehmen, dann 8,5 km – weiterhin auf der 198 – bis Weißenbach.

Strecke: *Schnelle Straße am Lech entlang.*

12
26 km
199
B308

In Weißenbach am Kreisverkehr rechts (1. Ausfahrt) auf die 199 – später B308 – und der Bundesstraße 26 km über Tannheim bis Oberjoch folgen.

Strecke: *Diese Etappe trumpft gleich mit zwei fahrerischen Highlights auf. Über den zwar nur 1093 m hohen, aber dennoch sehr spannenden Gaicht-Pass erreicht man zunächst das wunderschöne Tannheimer Tal. Die anschließende Abfahrt hält dabei nicht ganz, was die erstklassige Auffahrt bieten konnte, dafür ist es beim nachfolgenden Oberjochpass genau umgekehrt. Auf unspektakulärer Piste nähert man sich der Passhöhe (1178 m) nahe der deutschen Grenze. Dann geht es rasant den herrlichen Bandwurm in 106 Kurven bergab.*

Event-Tipp: Schon in den 1920er-Jahren war die knapp 8 km lange Strecke zum Oberjochpass Austragungsort für Rennen, die jedes Jahr im Oktober als »Jochpass Memorial« wieder aufleben. Auch interessante Motorrad-Oldtimer sind am Start (www.jochpass.com).

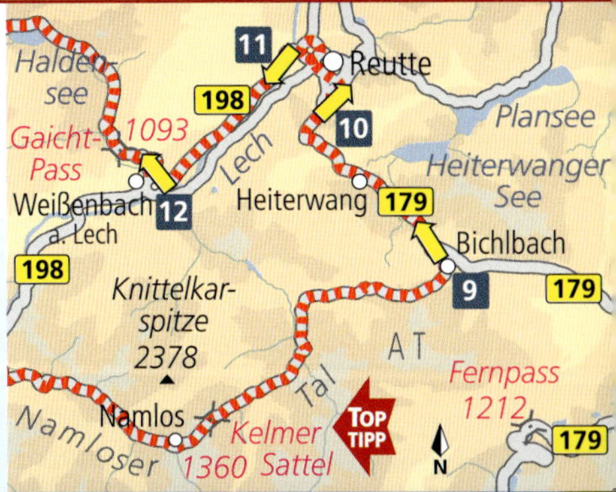

Blumen am Wegesrand, Asphalt unter den Reifen: unterwegs im schönen Lechtal.

13
13 km
B308

In Oberjoch links Richtung Bad Hindelang abbiegen und 13 km – weiter auf der B308 – bis Sonthofen.

***Strecke:** Breit ausgebaute Kurvenstrecke bergab.*

14
13 km
B308
B19

Auf der B308 nach Sonthofen hinein bis zur Kreuzung mit der B19, hier links abbiegen und 13 km zurück nach Oberstdorf fahren.

***Strecke:** Auf stark befahrener Bundesstraße zurück zum Ausgangspunkt.*

Info: Eines der schönsten Alpentäler ist das Kleinwalsertal, das zwar zu Österreich gehört, aber nur von deutscher Seite über Oberstdorf zugänglich ist. Zwischen Hohem Ifen und Fellhorn hat die Breitach ein auf 1100 m bis 1250 m liegendes Hochtal geformt. Besonders attraktiv ist die Breitachklamm am Eingang des Tals. Die wildromantische Schlucht kann auf gesichertem Weg in einer Stunde durchwandert werden. Wen es eher in höhere Lagen zieht, der kann von Riezlern, dem Hauptort des Kleinwalsertals, mit der Seilbahn zur 1980 m hohen Kanzelwand schweben, die einen herrlichen Ausblick übers Tal bietet (www.breitachklamm.de, www.kleinwalsertal.com).

E

Vorarlberg, Tirol

5 Servus Silvretta!

Montafon, Paznaun und Bregenzerwald

Ⓐ **Ausgangsort**
Bludenz (A-6700)

Ⓔ **Zielort**
Bludenz (A-6700)

215 km ★★★★ ★★★

Straßentypen (in Prozent der Streckenlänge)

10 | 90

- Landstraße/asphaltierte Nebenstraße
- Bundesstraße/Schnellstraße

Pässe (5): *Silvretta-Hochalpenstraße, Arlbergpass, Flexenpass, Hochtannbergpass, Faschinajoch*

Diese Tour können Sie mit Routen 3 und 4 kombinieren.

Vorarlberg Tourismus
Poststraße 11
A-6850 Dornbirn
Tel. 00 43/(0)55 72/377 03 30
info@vorarlberg.travel
www.vorarlberg.travel

Serpentinenjäger werden jauchzen auf dieser Runde, die uns durchs Montafon in Vorarlberg über die sensationelle Silvretta-Hochalpenstraße hinüber ins Paznaun nach Tirol und weiter zum Bregenzerwald führt. Hier empfängt uns der Hochtannbergpass mit einem rauschenden Kurvenfest. Immer wieder entspannt sich die Gashand auf dem Weg aber ganz von allein, so hinreißend schön sind die Ausblicke, so opulent und herrlich ist die Natur.

Route 5
DEUTSCHLAND
ÖSTERREICH
SCHWEIZ
LICHTENSTEIN
CH
Bregenzerwald
Allgäuer Alpen
Lechtaler Alpen
Verwallgruppe
Rätikon
Montafon
Silvretta
Paznauntal
Feldkirch
Rankweil
Frastanz
Vaduz
Schnifis
Thüringen
Nüziders
Bludenz
Bürserberg
Brand
Brandnertal
Schesaplana 2965
Lünersee
Drusenfluh 2827
St. Anton im Montafon
Bartholomäberg
Silbertal
Litz
Schruns
St. Gallenkirch
Silvretta Hochalpenstraße
Gaschurn
Partenen
Top Tipp
Madrisahorn 2826
Vermunt-Stausee
Bielerhöhe 2037
Silvretta Stausee
Galltür
Ischgl
Kappl
Trisanna
Samnaun
Vesulspitze 3089
Kuchenspitze 3148
Furgler 3004
Pfunds
Inn
Landeck
Sanna
Tobadill
Rosanna
Hoher Riffler 3168
St. Anton am Arlberg
Arlbergpass 1793
Pettneu am Arlberg
Parseierspitze 3036
Kaltenberg 2896
Stuben
Alpe Rauz
Flexenpass 1773
Lech
Rote Wand 2704
Wetterspitze 2895
Warth
Hochtannbergpass 1676
Bregenzerach
Au
Damülser Mittagsspitze 2097
Damüls
Faschinajoch 1486
Sonntag
Großes Walsertal
Großer Krottenkopf 2656
Elmen
Hahntennjoch 1894
Rhein
1 2 3 4 5 6 7 8 9 10 11 12 A
A E
A12 A13 A14
27 28 180 188 190 193 197 198 200 316 S16
Freiburg
München
Salzburg
Garmisch-Partenkirchen
Oberstdorf
Innsbruck
Chur
Bruneck
Lienz
Airolo
St. Moritz
Meran
Cortina d'Ampezzo
Bormio
Bozen
Lugano
Trento
ITALIEN
Bergamo
Vicenza
N
Route
10 km

Tour-Stationen auf einen Blick

Tourlänge: 215 km

Nr.	Ort	PLZ	GPS-Koordinaten
Ⓐ	Bludenz	A-6700	N 47 09.334 E 09 49.242
02	St. Anton	A-6771	N 47 07.035 E 09 51.549
03	Silbertal	A-6780	N 47 05.747 E 09 58.226
04	Schruns	A-6780	N 47 04.702 E 09 54.274
05	Bielerhöhe	A-6563	N 46 55.082 E 10 05.726
06	Tobadill	A-6551	N 47 07.868 E 10 30.325
07	Alpe Rauz	A-6762	N 47 08.296 E 10 10.509
08	Warth	A-6767	N 47 15.469 E 10 11.005
09	Au	A-6883	N 47 19.420 E 09 58.594
10	Damüls	A-6884	N 47 16.986 E 09 53.401
11	Thüringen	A-6712	N 47 11.878 E 09 45.957
12	Nüziders	A-6714	N 47 09.955 E 09 46.430
Ⓔ	Bludenz	A-6700	N 47 09.334 E 09 49.242

Die Tabelle enthält die wichtigsten Stationen der Route – ggf. wurden Orte weggelassen oder zur exakteren Navigation ergänzt; Referenzsystem der GPS-Koordinaten: WGS84.

1 *7 km* 190 188

Bludenz auf der 190 verlassen, der Beschilderung »Silvretta-Hochalpenstraße« folgen und 7 km (später auf der 188) bis St. Anton im Montafon fahren.

Strecke: *Raus aus der Stadt, dann auf breiter Bundesstraße durch das touristisch geprägte Montafoner Tal.*

Info: Enge Gassen und hübsche Laubengänge sind typisch für das beschauliche Städtchen Bludenz. Ein Bummel und ein Kaffee mit Kuchen in einem der Straßencafés lohnt sich allemal. Bludenz ist das Tor zum Montafon, das sich von hier südwärts bis zur Silvretta erstreckt. Die höchste Erhebung in der Umgebung ist der 3312 m hohe Piz Buin in der Silvretta-Gruppe (www.montafon.at).

2 *12 km* –

In St. Anton links abbiegen, 12 km auf kleinen Straßen über Bartholomäberg bis nach Silbertal.

Strecke: *Herrlich kurvenreiche und selbst während der Hauptsaison oftmals einsame Panoramastraße mit Blick aufs Rätikon.*

Info: Sehenswert ist die kleine, im Jahr 1732 erbaute Hallenkirche St. Bartholomäus in Bartholomäberg mit ihren prächtigen barocken Altären unter einer wunderschönen hölzernen Kassettendecke.

Tipp: Gleitschirmfliegen

Info: Grenzenlose Freiheit verspricht ein Gleitschirmflug in den Alpen. Für wenig Geld kann man bei einem Schnupperkurs abheben. Die Firma Flight Connection Arlberg etwa bietet diese im 15 km nordwestlich von Bludenz gelegenen Schnifis an. Nur mit telefonischer Voranmeldung.

Flight Connection Arlberg, Jagdbergstraße 54, A-6822 Schnifis, Tel. 00 43/(0)55 24/84 39, www.fca.at

Farbenfroher Frühling in Voralberg.

3
6 km
–

In Silbertal rechts abbiegen und 6 km hinab nach Schruns, durch den Ort und weiter zur 188 fahren.

Strecke: *Schwungvolle Partie am Bett des Flüsschens Litz entlang.*

Info: Schruns als einer der Hauptorte des Montafon lohnt einen Kurzbesuch mit Rundgang durch das Zentrum (www.schruns.at).

4
33 km
188

In Schruns links auf die 188 abbiegen und 33 km über St. Gallenkirch, Gaschurn und Partenen bis zur Bielerhöhe und zum Silvretta-Stausee.

TOP TIPP ***Strecke:*** *Über die mautpflichtige Silvretta-Hochalpenstraße schrauben wir uns hinauf Richtung Bielerhöhe (2037 m). Ab Partenen wird es spannend: Mit einer Steigung von 14 Prozent windet sich jetzt ein schier endloser Bandwurm aus Kurven und Serpentinen bergan. Dank hervorragendem Belag und guter Übersicht fühlen sich hier auch Anfänger wohl. Die Hochalpenstraße ist von Juni bis Oktober befahrbar.*

Event-Tipp: Eine Bootsfahrt mit dem Motorboot über den Silvrettasee auf über 2000 m Seehöhe ist ein ganz besonderes Erlebnis. Die Runde dauert ca. 30 Minuten und bietet herrliche Ausblicke auf die umliegende hochalpine Bergwelt. Die Motorboote sind von Ende Juli bis Ende September unterwegs (www.silvretta-bielerhoehe.at).

5

43 km

188

Hinter der Bielerhöhe weiter auf der Silvretta-Hochalpenstraße (188) in Richtung Landeck und 43 km über Galtür und Ischgl bis nach Tobadill.

Strecke: *Schöne Panoramastrecke, nicht mehr so anspruchsvoll und kurvig wie die Westrampe, dafür landschaftlich reizvoll.*

Info: Paznaun nennt sich das hübsche Tal, das sich in nordöstlicher Richtung über eine Länge von rund 30 km von der Silvretta bis Tobadill erstreckt. In letzter Zeit wurde hier an der Silvretta-Bundesstraße allerdings viel gebaut. Zahlreiche neue Tunnel sollen die Strecke vor Murenabgängen schützen. Als Folge des Alpenhochwassers von 2005 war das Paznaun mehrere Tage von der Außenwelt abgeschnitten, weil wichtige Straßen infolge der Naturkatastrophe verschüttet wurden.

Event-Tipp: Der Parkplatz auf der Bielerhöhe direkt am Silvretta-Stausee ist vor allem samstags und sonntags fest in Bikerhand. Technikgeplauder und das nicht unwichtige »Sehen-und-Gesehen-Werden« sorgen für Kurzweil, also unbedingt den Seitenständer ausklappen!

Restaurant- und Hotel-Tipp: Als spontaner Bikertreff sehr beliebt ist auch der idyllische Berggasthof Piz Buin am Ufer des Silvretta-Stausees. Zimmer mit Ausblick auf den See.

Berggasthof Piz Buin, A-6563 Galtür, Tel. 00 43/(0)55 58/42 31, www.pizbuin-silvretta.at €

Überirdisch: der mystische Silvretta-Stausee.

Ein Muss: der Motorradtreff auf der Bielerhöhe.

6
32 km
316
197

Bei Tobadill links, auf der 316 (später 197) über Pettneu und St. Anton 32 km bis zur Alpe Rauz.

Strecke: *Entspannter Kurvensurf auf gut ausgebauter, übersichtlicher Fahrbahn über den Arlbergpass (1793 m). Obwohl der Arlbergtunnel viel Verkehr von der 197 abzieht, hat man den Pass selten für sich allein. Die spannendere Ostrampe bietet bis zu 13 Prozent Steigung, an der Westseite geht es mit maximal 10 Prozent Gefälle bergab.*

7
16 km
198

Bei der Alpe Rauz (kurz vor Stuben) rechts auf die 198 und 16 km über den Flexenpass nach Warth.

Strecke: *Der Flexenpass (1773 m) ist ein eher unbekannter Pass, und die Streckenführung unter freiem Himmel stellt keine allzu hohen Anforderungen an das Fahrkönnen. Vorsicht ist jedoch in den vielen düsteren, meist unübersichtlichen Lawinengalerien auf der Südrampe geboten. Zudem lässt der Belag hier oft zu wünschen übrig. Der Flexenpass ist – außer bei heftigen Schneefällen – auch im Winter befahrbar.*

Info: Lech liegt auf 1444 prächtigen Metern Höhe inmitten der Lechtaler Alpen. Der Bergsommer in diesem »Best of the Alps«-Ort ist viel ruhiger als der Winter. Ein schöneres Kontrastprogramm nach flotter Kurvenhatz ist kaum zu finden (www.lech-zuers.at).

Tipp: Bikerhotel Berg-Klause

Restaurant- und Hotel-Tipp: Das Bikerhotel Berg-Klause in Stuben bietet angenehme Zimmer im Landhausstil sowie kostenlose Unterstellplätze in der Tiefgarage. Frühstücken und die ersten Sonnenstrahlen genießen kann man auf der Sonnenterrasse. Abends gibt es ein leckeres Biker-Buffet.

Bikerhotel Berg-Klause, Egganaweg 59, A-6762 Stuben, Tel. 00 43/(0)55 82/551, www.berg-klause.at €

Abenteuerliche Abfahrten in Vorarlberg.

8
23 km
200

In Warth links auf die 200 abbiegen und 23 km auf der Bregenzerwald-Bundesstraße über den Hochtannbergpass bis nach Au fahren.

Strecke: *Am 1676 m hohen Hochtannbergpass kann man entweder gemütlich die malerische Landschaft genießen oder in sportlichen Schräglagen durch die engen Kurven zischen. Wer genügend Zeit hat, sollte die attraktive Westflanke auch noch einmal bergauf fahren.*

Restaurant-Tipp: Biker aus nah und fern treffen sich am Gasthaus Tirolerhof in Warth. Auf der riesigen Sonnenterrasse wird bodenständige Hausmannskost, aber auch internationale Küche serviert.

Gasthof Tirolerhof, Dorf 10, A-6767 Warth, Tel. 00 43/(0)55 83/28 67, www.warth.tv

9
10 km
193

In Au links auf die 193 abbiegen und dann der Bundesstraße 10 km Richtung Damüls folgen.

Hotel-Tipp: »Haus der 59 Pässe« nennt sich das Hotel Post in Au selbstbewusst. Das MoHo-Hotel bietet sichere Abstellplätze, einen Trockenraum sowie viele weitere Serviceleistungen für Biker.

Hotel Post, Argenau 100, A-6883 Au, Tel. 00 43/(0)55 15/41 03, www.motorradhotel.at €€

Vielversprechend: Der Hochtannbergpass ruft!

10
24 km
193

Geradeaus an Damüls vorbei, weiterhin auf der 193 bleiben und 24 km über das Faschinajoch und über Sonntag bis zur Ortschaft Thüringen fahren.

***Strecke:** Im Vergleich zum nahe gelegenen Furkajoch führt das Faschinajoch (1514 m) eher ein Mauerblümchendasein. Auf beiden Seiten ist die Passstraße jedoch in sehr gutem Zustand. Über längere Strecken verläuft sie unter Galerien und ist meist ganzjährig geöffnet. Bemerkenswert ist die Aussicht auf die Damülser Berge und die Mittagsspitze (2097 m).*

11
5 km
193

In Thüringen links, der 193 weiter folgen und 5 km bis zur Bundesstraße 190 bei Nüziders.

12
4 km
190

Jetzt links auf die 190 in Richtung Bludenz, nach 1,5 km am Kreisel rechts (1. Ausfahrt), noch 2,5 km bis ins Bludenzer Zentrum – Endstation der Route.

Hotel-Tipp: Motorradfahrer begrüßt man gern im Stadthotel Herzog Friedrich, das sich am Rand der Bludenzer Fußgängerzone befindet.

Stadthotel Herzog Friedrich, Mutterstraße 6, A-6700 Bludenz, Tel. 00 43/(0)55 52/627 03, www.tiscover.at/herzog-friedrich €€

E

A Brandnertal

***Strecke:** Von Bludenz in Richtung Autobahn und 12 km über Bürserberg und Brand bis zum Ende des Brandnertals.*

Info: Zwischen blühenden Sommerwiesen geht es Kehre um Kehre bergan, immer alpiner wird die Landschaft, bis sie sich schließlich nach gut 25 km per Seilbahn und Wanderwegen nur noch den Fußgängern erschließt.

Der Lünersee (1970 m) zählt zu den schönsten Alpenseen Österreichs und ist im Sommer ein bekanntes Ausflugsziel. Man erreicht ihn mit der Lünerseebahn ab Brand. Einkehren kann man in der zweckmäßigen Jausenstation Douglashütte direkt an der Bergstation der Seilbahn.

Brandnertal Tourismus, Mühledörfle 40, A-6708 Brand, Tel. 00 43/(0)55 59/555, www.brandnertal.at

Salzburger Land, Tirol

6

Einsame Spitzen

Hohe Tauern, Ötztaler Alpen, Stubaier Alpen

Ⓐ **Ausgangsort**
Zell am See (A-5700)

Ⓔ **Zielort**
Zell am See (A-5700)

554 km ★★★★★ ★★★★★

Straßentypen (in Prozent der Streckenlänge)

15 | 85

■ Landstraße/asphaltierte Nebenstraße
■ Bundesstraße/Schnellstraße

Pässe (7): *Großglockner-Hochalpenstraße, Iselsbergpass, Staller Sattel, Jaufenpass, Timmelsjoch, Kühtaisattel, Gerlospass*

Diese Tour können Sie mit Routen 3, 7 und 12 kombinieren.

Zell am See-Kaprun Tourismus GmbH
Brucker Bundesstraße 1a
A-5700 Zell am See
Tel. 00 43/(0)65 42/770
welcome@zellamsee-kaprun.com
www.zellamsee-kaprun.com

Ein Höhepunkt jagt den nächsten bei dieser sehr langen Top-Tour, die über die schönsten, schwierigsten Passstraßen der Ostalpen führt. Sieben an der Zahl sind es, um genau zu sein, darunter die traumhafte Großglockner-Hochalpenstraße, das legendäre Timmelsjoch und der aussichtsreiche Staller Sattel. Nur Hartgesottene werden den Kurvenrausch an einem Tag auskosten. Genießer sollten sich guten Gewissens zwei bis drei Tage Zeit nehmen.

Route 6
Route
10 km
N
DEUTSCHLAND
ÖSTERREICH
SCHWEIZ
ITALIEN
DE
Freiburg
München
Salzburg
Garmisch-Partenkirchen
Oberstdorf
Innsbruck
Chur
Bruneck
Lienz
Airolo
St. Moritz
Meran
Cortina d'Ampezzo
Bormio
Bozen
Lugano
Trento
Bergamo
Vicenza
Achenkirch
Guffertspitze 2194
St. Johann in Tirol
Kitzbüheler Horn 1996
Wörgl
Östliche Karwendelspitze 2537
Achensee
Rofanspitze 2259
A12
Kitzbühel
Saalbach-Hinterglemm
Jenbach
Strass i. Zillertal
Kitzbüheler Alpen
Fügen
Schwaz
Inn
INNSBRUCK
Telfs
Imst
Inzing
Kühtai-Sattel 2017
Sellraintal
Kematen i. Tirol
Wattens
171
169
Ziller
Kreuzjoch 2558
Großer Rettenstein 2366
Zell a. See
Zeller See
Mittersill
Schüttdorf
311
168
Kaprun
Bruck
Fusch
Wald i. Pinzgau
Felben
165
Gerlos
Zell a. Ziller
Hirzer 2725
1531 Gerlos-pass
Salzachtal
Hohe Tauern
Felbertauern-straße
Sautens
Oetz
Kühtai
Gries i. Sellrain
Sellrain
Tarzens
A13
Matrei a. Brenner
186
Stubaier Alpen
Ötztaler Alpen
Ruetz
Ötztal
Mayrhofen
Hintertux
Tauern-kogel 2988
Groß-venediger 3666
Felbertauern-tunnel
3203 Kitzsteinhorn
Großglockner Hochalpenstraße
TOP TIPP
107
Edelweißspitze 2577
Kaiser-Franz-Josefs-Höhe
108
Hohe Warte 3097
Nationalpark
Olperer 3476
Gries a. Brenner
182
Huben
Großer Löffler 3379
3499 Dreiherrn-spitze
3798 Großglockner
2506
Heiligenblut
Tauernbach
Tauerntal
1374 Brenner
SS12
Zillertaler Alpen
Matrei i. Osttirol
Sölden
Hochschober 3242
Möll
Rettenbach-ferner
Hoch-gurgl
Timmelsjoch 2509
Eisack
Sterzing
St. Leonhard
Defereggental
Dölach
Mörtschach
Ainet
ITALIEN
SS44
SS44bis
2094 Jaufen-pass
Eisacktal
Antholz-Mittertal
2052 Staller Sattel
Defereggengebirge
Isel
Winklern
1204 Iselsbergpass
Lienz
Debant
St. Martin i. Passeier
St. Leonhard i. Passeier
Pustertal-straße
St. Sigmund
Mühlbach
SS49
Bruneck
SP44
Franzensfeste
Natz-Schabs
Olang
Rienz
Toblach
Innichen
100
Lienzer Dolomiten
Drau
Passeiertal
Brixen
Maria Luggau
981 Gailberg-sattel
Pragser Wildsee
Dreischuster-spitze 3145
Kötschach-Mauthen
Meran
A22

Tour-Stationen auf einen Blick

Tourlänge: 554 km

Nr.	Ort	PLZ	GPS-Koordinaten
Ⓐ	**Zell am See**	A-5700	N 47 19.425 E 12 47.805
03	**Bruck**	A-5671	N 47 16.809 E 12 49.352
04	**Heiligenblut**	A-9844	N 47 02.386 E 12 50.598
05	**Winklern**	A-9841	N 46 52.330 E 12 52.723
06	**Debant**	A-9990	N 46 49.788 E 12 48.093
07	**Lienz**	A-9900	N 46 49.684 E 12 45.455
08	**Huben**	A-9953	N 46 56.219 E 12 34.409
09	**Olang**	I-39030	N 46 46.364 E 12 02.490
10	**Natz-Schabs**	I-39040	N 46 45.930 E 11 38.624
11	**Sterzing**	I-39049	N 46 53.452 E 11 26.216

Nr.	Ort	PLZ	GPS-Koordinaten
12	**St. Leonhard**	I-39015	N 46 48.565 E 11 14.683
14	**Oetz**	A-6433	N 47 12.090 E 10 53.970
15	**Kematen in Tirol**	A-6175	N 47 16.082 E 11 15.801
17	**Innsbruck**	A-6020	N 47 15.845 E 11 23.191
18	**Strass im Zillertal**	A-6261	N 47 23.844 E 11 48.375
19	**Zell am Ziller**	A-6280	N 47 13.810 E 11 53.626
20	**Königsleiten**	A-5742	N 47 14.617 E 12 07.241
21	**Wald im Pinzgau**	A-5742	N 47 14.805 E 12 13.454
22	**Mittersill**	A-5730	N 47 16.858 E 12 28.896
Ⓔ	**Zell am See**	A-5700	N 47 19.425 E 12 47.805

Die Tabelle enthält die wichtigsten Stationen der Route – ggf. wurden Orte weggelassen oder zur exakteren Navigation ergänzt; Referenzsystem der GPS-Koordinaten: WGS84.

1
3 km
–

Ⓐ

Von Zell am See 3 km in Richtung Schüttdorf zur Bundesstraße 311 fahren.

Strecke: *Auf der Uferstraße am Zeller See entlang.*

Hotel-Tipp: In Saalbach-Hinterglemm, 18 km nordwestlich von Zell am See, findet man in dem bekannten MoHo-Hotel Landhaus Jausern nicht nur eine Unterkunft zum Wohlfühlen, sondern auch einen idealen Startplatz für diese große Alpenrunde. Bei Bedarf kann hier auch eine BMW 650 GS Dakar gemietet werden.

Landhaus Jausern, Jausernweg 497, A-5753 Saalbach, Tel. 00 43/(0)65 41/73 41, www.jausern.com €€

Der Zeller See mit den Hohen Tauern.

2
3,5 km
311

In Schüttdorf links auf die 311 in Richtung Bischofshofen abbiegen, dann 3,5 km bis Bruck.

Strecke: *Oft viel Verkehr.*

Info: Das Fahrzeugmuseum Vötter in Kaprun präsentiert eine sehenswerte Sammlung historischer Gefährte auf vier und zwei Rädern. Das Museum ist im Hotel Sportkristall untergebracht.

Vötters Fahrzeugmuseum, Schloßstraße 474/621, A-5710 Kaprun, Tel. 00 43/(0)65 47/713 40, Mo–So 10–18 Uhr, www.oldtimer-museum.at

Alte Klassiker: das Fahrzeugmuseum in Kaprun.

3
48 km
107

In Bruck rechts über den Zubringer auf die 107 abbiegen und auf der Großglocknerstraße 48 km über Fusch bis nach Heiligenblut.

TOP TIPP *Strecke: Die mautpflichtige Großglockner-Hochalpenstraße führt steil auf eine Höhe von 2506 m und bietet ein unvergessliches Fahrerlebnis mit tollen Ausblicken. Der Zustand der Hauptroute ist hervorragend, die Strecke durchwegs motorradfreundlich. Extrem holprig sind jedoch die Stichstraßen zu den Aussichtspunkten an der Edelweißspitze und auf der Franz-Josefs-Höhe, die man sich dennoch nicht entgehen lassen sollte. Die Hochalpenstraße ist von Mai bis Oktober geöffnet.*

Info: Anfang der 1930er-Jahre wurde das Projekt Großglockner-Hochalpenstraße als Arbeitsbeschaffungsmaßnahme gestartet. Durchschnittlich 3500 Arbeiter gingen mit Presslufthämmern und reichlich Dynamit zur Sache. Wie die Straße damals aussah und wie sie sich anfühlte, kann man noch heute erleben, etwa auf der kopfsteingepflasterten Stichstraße zur Edelweißspitze (www.grossglockner.at).

Restaurant- und Hotel-Tipp: Direkt an der Großglocknerstraße, 29 km hinter Fusch, liegt der Gasthof Fuscherlacke, eine urige Hütte mit Sonnenterrasse und Zimmern mit herrlichem Panoramablick auf die Berge.

Gasthof Fuscherlacke, A-5672 Fusch an der Großglocknerstraße,
Tel. 00 43/(0)65 45/67 79, www.fuscherlacke.at €

Abenteuerfahrt durch eindrucksvolle alpine Szenerie: die Großglockner-Hochalpenstraße.

4

22 km

107

Geradeaus durch Heiligenblut und weiter 22 km auf der Bundesstraße 107 bis Winklern fahren.

Info: Reich wurde das Bergdorf Heiligenblut am Großglockner einst durch den Gold- und Silberbergbau. Heute ist der Ort ein beliebtes Ziel für Sommerfrischler und Wintersportler. Wahrzeichen ist die gotische Wallfahrtskirche St. Vinzenz mit ihrem hohen, spitzen Turm, die aus dem 15. Jahrhundert stammt. Wertvollster Schatz des Gotteshauses ist ein spätgotischer, über 10 m hoher geschnitzter Flügelaltar, der im Zentrum die Marienkrönung abbildet.

Die Infostelle des Nationalparks Hohe Tauern befindet sich auf der Franz-Josefs-Höhe. Wer Zeit hat, kann sich hier auch im Hightech-Kino eindrucksvoll fotografierte Filme zum Nationalpark ansehen.

Infostelle Nationalpark Hohe Tauern, Kaiser-Franz-Josefs-Höhe an der Großglockner-Hochalpenstraße, A-9844 Heiligenblut, Tel. 00 43/(0)48 24/246 12, Mai–Okt. Mo–So 10–17 Uhr, www.hohetauern.at

Restaurant- und Hotel-Tipp: Der Gasthof Post in Mörtschach ist ein uriges Haus direkt an der Großglocknerstraße im Mölltal mit guter, bodenständiger Küche zu fairen Preisen.

Gasthof Post, A-9842 Mörtschach, Tel. 00 43/(0)48 26/204 €

A Mölltal

Info: Vom Scheitelpunkt der Großglocknerstraße geht es bergab ins Alpendorf Heiligenblut, das schon zu Kärnten gehört. Auf dem Weg ins Mölltal bietet sich eine wunderbare, meist einspurige Alternativstrecke an, die gleich hinter der Mautstation links Richtung Apriach abzweigt und unterhalb von Sagritz wieder auf die Großglocknerstraße stößt.

Bergab auf der Nebenstrecke bei Apriach.

5
13 km
107

Geradeaus durch Winklern, auf der 107 bleiben und 13 km Richtung Lienz bis hinter Debant fahren.

Strecke: *Kurvenfahrt über den Iselsbergpass (1204 m) mit großzügig angelegten Serpentinen und Aussicht auf die Lienzer Dolomiten.*

Event-Tipp: Mit viel Kleinstadtcharme und an sonnigen Tagen sogar südländischem Flair empfängt die Stadt Lienz ihre Besucher. Anfang August hallt Musik durch alle Straßen, und die Lienzer zeigen sich in ihrer feinsten Tracht beim traditionellen Lienzer Altstadtfest (www.lienzer-altstadtfest.at).

Hotel-Tipp: Das Motorradhotel Iselsberger Hof liegt etwas nördlich von Lienz direkt am Iselsbergpass und bietet alles, was Biker brauchen: Trockenraum, Waschplatz, Schrauberecke, Ersatzteil- und Anhängerservice. Zudem gibt es Tourentipps und geführte Touren für Enduros und Straßenmaschinen sowie einen Motorradverleih.

Iselsberger Hof, A-9991 Iselsberg, Tel. 00 43/(0)48 52/641 12, www.iselsbergerhof.at €

6
3,5 km
100

Nach Debant im Kreisel die 1. Ausfahrt auf die 100 Richtung Felbertauern nehmen und 3,5 km durch Lienz bis zum Kreisverkehr an der 108.

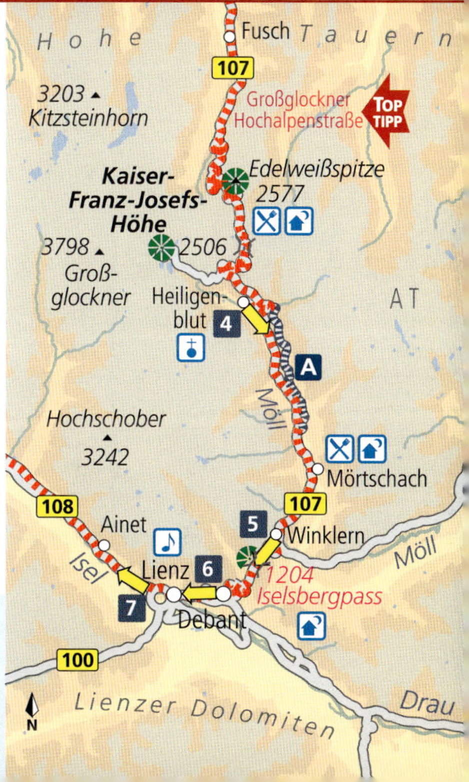

7
19 km
108

Jetzt im Kreisel die 2. Ausfahrt nehmen und auf die 108 abbiegen. Der Felbertauern-Bundesstraße 19 km bis nach Huben folgen.

Strecke: *Breite, schnelle Straße.*

8
58 km
–
SP44

In Huben links in Richtung Defereggental bzw. Staller Sattel/Antholz und 58 km bis nach Olang in Südtirol fahren.

Strecke: *Durchs idyllische Defereggental hinauf zum Staller Sattel (2052 m); teilweise holpriger Belag und Frostrisse, insgesamt aber guter Zustand. Die Abfahrt ins Antholzer Tal ist einspurig und wird per Ampelschaltung mit sehr langen Schaltintervallen geregelt. Der Pass ist von Mitte Mai bis Ende Oktober in der Zeit von 5.30 bis 22 Uhr geöffnet.*

Info: Der Staller Sattel ist nach wie vor mautfrei. Zwar hatte die Südtiroler Regierung die Einführung einer Straßenmaut geplant, sie dann aber auf unbestimmte Zeit verschoben. Genießen sollte man den herrlichen Rundumblick hinein ins liebliche Osttirol, ins Antholzer Tal sowie auf das Massiv der eindrucksvollen Rieserfernergruppe.

Traumhafte Landschaft und temperamentvolle Kurven erwarten uns am Staller Sattel.

9
38 km
SS49

Vor Olang rechts auf die SS49 in Richtung Brixen abbiegen, der Straße 38 km über Bruneck bis zur Brennerstraße bei Natz-Schabs folgen.

Strecke: *Verbindungspassage über die oft volle Pustertalstraße.*

10
23 km
SS12

Vor der Auffahrt zur Brenner-Autobahn rechts über den Zubringer auf die SS12 abbiegen, dann 23 km bis nach Sterzing.

Strecke: *Auf der beschaulichen alten Brennerstraße durchs Eisacktal, parallel zur Brenner-Autobahn.*

11
37 km
SS44

Vor Sterzing links auf die SS44 abbiegen und 37 km bis St. Leonhard fahren.

Strecke: *Super-Kurvenspaß über den Jaufenpass (2094 m). Mittlerer Schwierigkeitsgrad, der Straßenbelag ist stellenweise auch mittelmäßig. Verlässlich befahrbar ist der Pass von Mai bis Oktober.*

Info: Die Passhöhe ist ein gut besuchter Bikertreff. Hier genießt man eine Aussicht, die ihresgleichen sucht. Ein Kiosk in einer Blockhütte sorgt für die Bewirtung und den Andenkenverkauf.

Bei St. Leonhard im Passeier.

Tipp: Gasthaus Bucherkeller

Info: Im Bucherkeller in St. Martin etwas südlich von St. Leonhard werden »Brettl Marende«, hausgemachter Speck, selbst angebauter Wein und Nudelgerichte im Pfandl serviert. Ein Abstecher, der sich wirklich lohnt.

Bucherkeller, Kellerlahn 4, I-39010 St. Martin im Passeier, Tel. 00 39/04 73/65 00 15.

12
29,5 km
SS44bis

In St. Leonhard rechts in Richtung Timmelsjoch abbiegen und der SS44bis 29,5 km bis zur Passhöhe folgen.

TOP TIPP

Strecke: *Schweißtreibende Kurvenjagd für Profis bis hinauf auf 2509 m Höhe. Auf italienischer Seite ist die gut ausgebaute Rampe für Kraftfahrzeuge über 8 Tonnen, Anhänger-Gespanne und Busse gesperrt, was das Fahrvergnügen erheblich steigert. Bis zur Passhöhe muss man keine Maut zahlen. Das Timmelsjoch ist von Juni bis Mitte Oktober geöffnet, zwischen 20 und 7 Uhr besteht ein Nachtfahrverbot.*

Pausieren und staunen: Blick über das Ötztal.

13
54 km
186

An der Passhöhe Timmelsjoch weiter geradeaus nach Österreich und 54 km auf der 186 über Sölden bis nach Oetz fahren.

Strecke: *Auf mautpflichtiger, aber gut ausgebauter und kurvenreicher Strecke geht es durch das herrliche Ötztal. Die Mautstelle befindet sich erst beim Ort Hochgurgl. Für die kombinierte Hin- und Rückfahrt gibt es einen Sondertarif, ebenso für Motorradgruppen ab 10 Maschinen.*

14
41 km
–

In Oetz rechts Richtung Kühtai und 41 km bis nach Kematen in Tirol fahren.

Strecke: *Spritziger Kurvenreigen auf gut ausgebauter Straße hinauf zum Kühtaisattel (2017 m) und ins einsame Sellraintal. Die Abfahrt nach Kematen ist dann eher unspektakulär. Keine Wintersperre. Vorsicht: Immer wieder blockiert frei laufendes Weidevieh die Straße.*

15
3 km
–

Geradeaus an Kematen und an der Autobahnauffahrt zur A12 vorbei und 3 km bis zur 171.

Info: »Wenn sie decht nur kematen!«, soll Kaiser Maximilian I. geklagt haben, als er sich im 16. Jahrhundert bei einer Kletterpartie in der Martinswand unweit von Kematen verstiegen hatte und verzweifelt auf Rettung hoffte. Noch heute erzählt man sich, dass der Name des Ortes auf diesen Ausspruch zurückgeht (www.kematen.org).

16
10 km
171

Jetzt rechts auf die 171 abbiegen und der Straße 10 km bis nach Innsbruck folgen.

Strecke: *Viel befahrene Zubringer-Strecke durchs Inntal – parallel zur mautpflichtigen Autobahn – hinein ins Zentrum von Innsbruck.*

Über den wilden Kühtaisattel.

17
39 km
171

In Innsbruck an der Universität links in Richtung Schwaz, weiterhin auf der 171 um die Innenstadt herum und 39 km bis Strass im Zillertal fahren.

Strecke: *Oft volle Bundesstraße durch das Inntal.*

Info: Innsbruck ist die fünftgrößte Stadt Österreichs und Hauptstadt Tirols. Beim Altstadtbummel kann man das funkelnde Goldene Dachl mit seinen 2657 feuervergoldeten Kupferschindeln bestaunen.

18
22 km
169

In Strass rechts auf die 169 abbiegen und der Bundesstraße 22 km bis Zell am Ziller folgen.

Strecke: *Schneller Streckenabschnitt durch das Zillertal.*

19
27,5 km
165

In Zell rechts von der 169 abfahren, dann links auf die 165 in Richtung Gerlospass abbiegen und 27,5 km bis zum Abzweig bei Königsleiten.

Strecke: *Wunderbare Kurvenstrecke durch den Wald über den gut ausgebauten, durchgehend zweispurigen Gerlospass (1531 m).*

Tipp: Gasthaus Bierwirt

Info: Im original Tiroler Wirtshaus Bierwirt in Innsbruck fühlen sich Motorradfahrer bestens aufgehoben. Das Vier-Sterne-Haus bietet Tiroler Küche, Wein und Bierspezialitäten und feine, komfortable Zimmer.

Bierwirt, Bichlweg 2, A-6020 Innsbruck-Amras, Tel. 00 43/(0)5 12/34 21 43, www.bierwirt.at €€€

Das berühmte Goldene Dachl in Innsbruck.

20 *10,5 km* 165

Vor der Mautstation links auf die 165 abbiegen und 10,5 km bis nach Wald im Pinzgau fahren.

Strecke: Auf der alten, engen Gerlosstraße anstelle der mautpflichtigen Straße – etwas holprig, aber landschaftlich überaus reizvoll.

21 *21 km* 165

In Wald im Pinzgau an der T-Kreuzung links und 21 km – weiter auf der 165 – bis Mittersill.

22 *25 km* 165 168

Im Ortszentrum Mittersill links abbiegen, dem Verlauf der 165 (später 168) durch den Ort folgen und immer geradeaus 25 km bis Schüttdorf.

Strecke: Durch das Salzachtal zurück zum Zeller See.

23 *3 km* –

Zwischen Zellermoos und Schüttdorf links; zurück nach Zell am See sind es 3 km.

Info: Abkühlung nach einer heißen Motorradtour verschafft ein Besuch in der bis zu 32 m tiefen Sigmund-Thun-Klamm bei Kaprun.
www.kaprun.at/klamm, Mitte Mai–Mitte Sept. Mo–So 9–17 Uhr.

E

A Felbertauernstraße

Strecke: Ab Mittersill windet sich die gut ausgebaute Strecke in lang gezogenen Kurven hinauf bis auf 1650 m, mitten durch die Bergwelt des Nationalparks Hohe Tauern. Durch den rund 5 km langen, mautpflichtigen Felbertauerntunnel kurven wir dann hinein nach Osttirol. Bis zum Abzweig Staller Sattel bei Huben sind es ab Mittersill rund 45 km.

Info: Die Felbertauernstraße stellt die kürzeste und bequemste Verbindung zwischen Salzburger Land und Osttirol dar. Sie ist landschaftlich äußerst reizvoll und ideal für alle Biker, die flott und staufrei weiter Richtung Süden reisen wollen. Hin- und Rückfahrttickets können mit knapp 10 Prozent Ermäßigung im Vorverkauf in den Geschäftsstellen des ADAC erworben werden (www.felbertauernstrasse.at).

7

Grenzerfahrung

Hochpustertal, Karnischer Kamm, Lienzer Dolomiten

Ⓐ **Ausgangsort**
Innichen (I-39038)

Ⓔ **Zielort**
Innichen (I-39038)

183 km ★★★★ ★★★★

Straßentypen (in Prozent der Streckenlänge)

10 | 90

- Landstraße/asphaltierte Nebenstraße
- Bundesstraße/Schnellstraße

Pässe (4): *Kreuzbergpass, Drei-Zinnen-Straße, Plöckenpass, Kartitscher Sattel*

Diese Tour können Sie mit Routen 6 und 8 kombinieren.

Infobüro Lienzer Dolomiten
Europaplatz 1
A-9900 Lienz
Tel. 00 43/(0)50 21/24 00
lienz@osttirol.com
www.lienzerdolomiten.info

Wie ein gewaltiges Bollwerk trennt der Karnische Kamm Italien von Österreich. Eher unbekannt ist vor allem die Gegend südlich des Bergmassivs. Zu Unrecht, denn wer hier den urigen östlichsten Zipfel Südtirols sowie die Regionen Veneto und Friaul unter die Räder nimmt, erlebt ein wahres Feuerwerk an landschaftlicher Schönheit. Feurig geht es auch auf den Pisten zu – Vorsicht ist jedoch bei den nicht immer intakten Straßenbelägen geboten.

Route 7
ÖSTERREICH
ITALIEN
Lienzer Dolomiten
Oberdrautal
Lesachtal
Karnische Alpen
Lienz
Assling
Strassen
Sillian
Tassenbach
Toblach
Innichen
Sexten
Kartitsch
Kartitscher Sattel
1525
Obertilliach
Untertilliach
Maria Luggau
Karnische Dolomitenstraße
Kötschach-Mauthen
Oberdrauburg
Gailbergsattel
981
Plöckenpass
1357
Top Tipp
Paluzza
Sutrio
Comeglians
Ovaro
Forni Avoltri
Sappada
San Piedtro di Cadore
Santo Stefano di Cadore
Comélico Superiore
Padola
Kreuzbergpass
1636
Auronzo di Cadore
Lago di Santa Caterina
Pelos di Cadore
Lago di Pieve di Cadore
Piave
Degano
Drau
Gail
Rienz
Misurina
Misurina-see
Toblacher See
Schluderbach
Monte Cristallo 3221
Drei Zinnen 2999
Zwölferkofel 3094
Dürrenstein 2839
Toblacher Pfannhorn 2663
Gölbner 2943
Spitzkofel 2718
Große Sandspitze 2770
Porze 2599
Hochweißstein 2694
Hohe Warte 2780
Monte Terza Grande 2586
SS49
SS51
SS52
SR355
SS355
SS465
SS52bis
110
111
100
E
A
1
2
3
4
5
6
7
N
Route
5 km
Freiburg
DEUTSCHLAND
München
Salzburg
Garmisch-Partenkirchen
Oberstdorf
SCHWEIZ
ÖSTERREICH
Innsbruck
Chur
Bruneck
Lienz
Airolo
St. Moritz
Meran
Cortina d'Ampezzo
Bormio
Bozen
Lugano
Trento
ITALIEN
Bergamo
Vicenza

Tour-Stationen auf einen Blick

Tourlänge: 183 km

Nr.	Ort	PLZ	GPS-Koordinaten
Ⓐ	Innichen	I-39038	N 46 43.788 E 12 15.849
02	Padola	I-32040	N 46 36.233 E 12 29.079
03	Santo Stefano	I-32045	N 46 33.481 E 12 32.940
04	Comeglians	I-33023	N 46 30.996 E 12 52.006

Nr.	Ort	PLZ	GPS-Koordinaten
05	Sutrio	I-33020	N 46 30.803 E 13 00.065
06	Kötschach-Mauthen	A-9640	N 46 40.252 E 13 00.022
07	Tassenbach	A-9920	N 46 44.915 E 12 27.906
Ⓔ	Innichen	I-39038	N 46 43.995 E 12 16.931

Die Tabelle enthält die wichtigsten Stationen der Route – ggf. wurden Orte weggelassen oder zur exakteren Navigation ergänzt; Referenzsystem der GPS-Koordinaten: WGS84.

1
25 km
SS52

Von Innichen (San Candido) auf der SS52 in Richtung Auronzo 25 km bis nach Padola fahren.

Strecke: *Herrliche, recht einfach zu fahrende Etappe über den abgelegenen Kreuzbergpass (1636 m). Für den nötigen Fahrspaß sorgen immer wieder Serpentinenketten und großzügige Kurvenbögen. Von der Scheitelhöhe des Passes hat man einen wunderbaren Ausblick auf die spektakulär geformten Drei Zinnen und die umliegenden Sextener Dolomiten.*

Info: Die Drei Zinnen (Tre Cime di Lavaredo) sind ein beliebtes Postkartenmotiv und gelten als Wahrzeichen der Dolomiten. Die eindrucksvolle Große Zinne in der Mitte ist fast 3000 m hoch.

Restaurant- und Hotel-Tipp: Auf der Passhöhe empfängt das Hotel Kreuzbergpass seine Gäste. Die anspruchsvolle Küche ist der Pustertaler Tradition treu geblieben ist. Biker sind gern gesehene Gäste.

Hotel Kreuzbergpass, I-39030 Sexten/Südtirol, Tel. 00 39/04 74/71 03 28,
www.kreuzbergpass.com €€€

2
11 km
SS52

In Padola geradeaus auf der SS52 bleiben und 11 km bis Santo Stefano di Cadore fahren.

Strecke: *Die Etappe führt über die Karnische Dolomitenstraße.*

A Drei-Zinnen-Straße

Strecke: *Von Innichen 5 km westwärts (SS49) nach Toblach, dann 19 km auf der SS51 und SP49 südwärts und über Schluderbach bis nach Misurina.*

Info: Hautnah erleben kann man die Charakterköpfe der Dolomiten auf der 9 km langen, mautpflichtigen Drei-Zinnen-Straße, die sich ab Misurina in luftige Höhen windet (Juni–September).

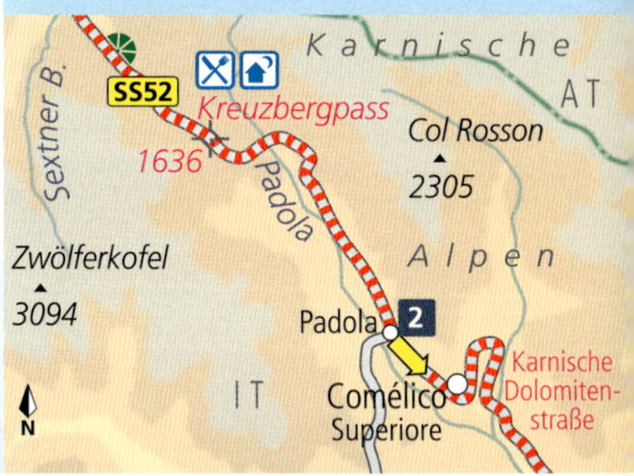

3
36 km
SR355
SS355

In Santo Stefano links in die Via Udine einbiegen, dann 36 km der SR355 über San Pietro und Sappada (ab hier auf der SS355) bis nach Comeglians folgen, links halten und über den Degano in den Ort hinein.

Strecke: *Landschaftlich wie fahrerisch wunderschöne Straße. Die enge, verwinkelte Fahrbahn erfordert jedoch viel Aufmerksamkeit.*

Info: Die Gegend um Sappada ist eine nur wenig bekannte deutschsprachige Enklave. Bereits um das Jahr 1000 wurde das von den Berggruppen der Terza, des Ferro und des Siera überragte Gebiet von Tirolern besiedelt. Noch heute findet man in Sappada zahlreiche Spuren dieser Vergangenheit, etwa im Dialekt, in der Bauweise der alten Holzhäuser, auf den Speisekarten der Gasthäuser und in vielen volkstümlichen Bräuchen (www.sappada.info).

4
14 km
SS465

In Comeglians nach dem Tunnel links auf die SS465 (Ausschilderung »Austria«) und 14 km bis zur Einmündung auf die SS52bis hinter Sutrio.

Strecke: *Einsame Straße durch liebliche Landschaft mit vielen Aussichtspunkten und weitem Blick über das Val di Lauco.*

Traumhaftes Gebirgspanorama bei Sappada.

5
31 km
SS52bis
110

An der T-Kreuzung zur SS52bis links und 31 km über Paluzza und den Plöckenpass (ab der Grenze auf der 110) nach Kötschach-Mauthen in Österreich.

TOP TIPP *Strecke: Die herrlich kurvenreiche Südrampe des Plöckenpasses (1357 m) auf italienischer Seite bietet auch etliche Kehren, vier davon im Tunnel. Die Abfahrt auf österreichischer Seite ist verbreitert worden, jedoch sind einige Kurven unübersichtlich. Ganzjährig geöffnet.*

Info: Der Plöckenpass (Passo di Monte Croce Carnico) ist neben dem Nassfeldpass die einzige Straße über die Karnischen Alpen und verbindet das österreichische Kärnten mit dem italienischen Friaul. Sehenswert ist das Freilichtmuseum Plöckenpass, das an den Gebirgskrieg von 1915–1917 erinnert. Wegen seiner strategisch bedeutenden Lage war der Plöckenpass einst besonders heftig umkämpft.

Restaurant- und Hotel-Tipp: Der Gailtaler Hof in Kötschach-Mauthen hat sich voll und ganz dem Motorradtourismus verschrieben. Sichere Unterstellplätze, Trockenraum und eine Schrauberecke sind vorhanden, auch Tourentipps bekommt man an der Rezeption. Wer will, kann sein Motorrad sogar in einer Luxusgarage mitten im Haus parken.

Gailtaler Hof, A-9640 Kötschach-Mauthen, Tel. 00 43/(0)47 15/318,
www.gailtalerhof.com €€

6
51 km
111

In Kötschach-Mauthen links auf die 111 abbiegen, 51 km durch das Lesachtal bis zur Einmündung auf die 100 in Tassenbach bei Strassen fahren.

Strecke: *Auf der Karnischen Dolomitenstraße zunächst durchs wildromantische Lesachtal, dann folgt schwungvoller Fahrspaß über den Kartitscher Sattel (1525 m). Die Strecke fährt sich gut, tückisch ist jedoch immer wieder der häufig geflickte und gefräste Belag.*

Hotel-Tipps: Das Refugium Salitterer in Untertilliach residiert in einem wunderschönen alten Bauernhaus. Hier kann man sich stilecht in einem Heubad erfrischen. In Maria Luggau im schönen Lesachtal liegt das Hotel Paternwirt mit herrlichem Blick auf grüne Wiesen, beeindruckende Gipfel und alte, bemalte Bauernhöfe.

Hotel Refugium Salitterer, Aue-Bichl-Winkl 57, A-9942 Untertilliach, Tel. 00 43/(0)48 47/630 30, www.refugium-salitterer.at €€

Gasthof Paternwirt, A-9655 Maria Luggau 30, Tel. 00 43/(0)47 16/288, www.paternwirt.at €

7
15 km
100
SS49

In Tassenbach links auf die 100 fahren und 15 km (ab der Grenze SS49) zurück nach Innichen.

Strecke: *Flotter Endspurt durch das Tal der Drau.*

Unentdecktes Grenzland: durch die Karnischen Alpen zwischen Österreich und Italien.

8 Im Land der Bleichen Berge

Ampezzaner Dolomiten

Ⓐ **Ausgangsort**
Welsberg (I-39035)

Ⓔ **Zielort**
Welsberg (I-39035)

192 km ★★★★★ ★★★★★

Straßentypen (in Prozent der Streckenlänge)

Landstraße/asphaltierte Nebenstraße	Bundesstraße/Schnellstraße
50	50

Pässe (7): *Passo Tre Croci, Passo di Giau, Passo di Fédaia, Sellajoch, Passo Pordoi, Grödner Joch, Furkelsattel*

Diese Tour können Sie mit Routen 7, 9 und 10 kombinieren.

A. P. T. Cortina
P.tta S. Francesco 8
I-32043 Cortina d'Ampezzo
Tel. 00 39/04 36/32 31
cortina@infodolomiti.it
www.infodolomiti.it

Der Passo di Giau zählt zweifelsohne zu den schönsten Pässen Norditaliens. Und er ist nur eines von vielen Highlights auf diesem Rundkurs, der Anfänger erblassen lässt und Profis ein breites Grinsen unters Visier zaubert. Insgesamt sieben erstklassige Dolomitenpässe warten darauf, erobert zu werden. Dazu ist auch noch viel fürs Auge geboten, denn nirgendwo sonst sind die Dolomiten so eindrucksvoll wie hier rund um Cortina.

Route 8
Bruneck
Welsberg-Taisten
Olang
Toblach
Innichen
Sillian
Drau
Rienz
ÖSTERREICH
Prags
Pragser Wildsee
Toblacher See
Höhlensteintal
Seekofel 2810
Hohe Gaisl 3146
Pederü-Hütte
Drei Zinnen 2999
Schluderbach
Misurina
Misurinasee
Passo Tre Croci 1809
Cortina d'Ampezzo
Auronzo di Cadore
Lozzo di Cadore
S. Vito di Cadore
Pieve di Cadore
Ansiei
Boite
Piave
Furkelsattel 1759
Zwischenwasser
St. Vigil
Rautal
St. Martin
Würzjoch 1987
Peitlerkofel 2875
Villnöß
Villnößtal
Klausen
Eisacktal
Eisack
Lüsen
ITALIEN
Gadertal
Abtei
Stern
St. Kassian
Sass Songher 2665
Grödnerjoch 2121
Corvara
Passo di Valparola 2192
2105
Passo di Falzarego
Passo di Campolongo 1875
Arabba
Andraz
Passo Pordoi
Sellajoch 2240
Passo di Giau 2236
Top Tipp
Selva di Cadore
Caprile
Rocca Pietore
Forcella Staulanza 1773
Monte Pelmo 3168
Marmolada 3342
Passo di Fédaia 2057
Avisio
2239
Canazei
Campitello
Vigo di Fassa
Fassatal
St. Ulrich
Wolkenstein
Grödner Bach
Kastelruth
Schlern 2563
Völs
Dolomiten
Cadore
SS49
SS52
SS51
SP49
SR48
SS244
SS243
SS242
SS48
SP638
SP20
SP251
SS12
A22
100
N
Route
5 km
Freiburg
DEUTSCHLAND
München
Salzburg
Garmisch-Partenkirchen
Oberstdorf
SCHWEIZ
Innsbruck
Chur
Bruneck
Lienz
Airolo
St. Moritz
Meran
Cortina d'Ampezzo
Bormio
Bozen
Lugano
Trento
Bergamo
Vicenza

Tour-Stationen auf einen Blick

Tourlänge: 192 km

Nr.	Ort	PLZ	GPS-Koordinaten
Ⓐ	Welsberg-Taisten	I-39035	N 46 45.106 E 12 06.597
02	Toblach	I-39034	N 46 43.702 E 12 13.221
03	Schluderbach	I-39034	N 46 37.227 E 12 13.154
04	Abzweig Cortina	-	N 46 33.910 E 12 14.640
05	Cortina d'Ampezzo	I-32043	N 46 32.405 E 12 08.177
06	Abzweig SP638	-	N 46 31.343 E 12 06.604
07	Selva di Cadore	I-32020	N 46 27.080 E 12 02.055
08	Caprile	I-32023	N 46 26.362 E 11 59.508
-	Rocca Pietore	I-32020	N 46 25.933 E 11 58.542
09	Canazei	I-38032	N 46 28.374 E 11 46.627

Nr.	Ort	PLZ	GPS-Koordinaten
10	Abzweig Sellajoch	-	N 46 29.754 E 11 47.252
11	Abzweig Grödnerjoch	-	N 46 31.948 E 11 46.743
12	Corvara	I-39033	N 46 33.156 E 11 52.462
13	Zwischenwasser	I-39030	N 46 43.315 E 11 53.522
14	St. Vigil	I-39030	N 46 41.969 E 11 56.036
15	Olang	I-39030	N 46 45.590 E 12 02.207
Ⓔ	Welsberg-Taisten	I-39035	N 46 45.275 E 12 06.122

Die Tabelle enthält die wichtigsten Stationen der Route – ggf. wurden Orte weggelassen oder zur exakteren Navigation ergänzt; Referenzsystem der GPS-Koordinaten: WGS84.

1 10 km SS49 Ⓐ

Welsberg auf der SS49 verlassen und auf der Staatsstraße 10 km bis nach Toblach fahren.

2 13 km SS51

In Toblach rechts auf die SS51 in Richtung Cortina und der Straße 13 km bis Schluderbach folgen.

Strecke: *Schnelle Passage durch das hübsche Höhlensteintal.*

Restaurant-Tipp: Leckere kulinarische Kompositionen serviert man in der Gustav-Mahler-Stube in Altschluderbach. Tiroler Spezialitäten und vor allem Wild gelingen dem Küchenteam des Hauses besonders gut.

Gustav-Mahler-Stube, Altschluderbach 3, I-39034 Toblach, Tel. 00 39/04 74/97 23 47.

3 9 km SP49

In Schluderbach links auf die SP49 in Richtung Auronzo, 9 km bis zum Abzweig nach Cortina.

Strecke: *Schöne Strecke mit Pausenplätzen am Misurinasee.*

Info: Und noch ein »Spiegelsee«: Im Misurinasee sind es die Drei Zinnen, die bei Windstille herrlich von der glatten Wasseroberfläche reflektiert werden und bei Besuchern für Verzückung sorgen. Schon allein deshalb ist der See ein idealer Ort für eine Ruhepause.

A Pragser Wildsee

Strecke: *Zwischen Welsberg und Niederdorf rechts von der SS49 abfahren. Wir schrauben uns 8 km hinauf zum See.*

Info: Wie ein riesiger Spiegel wirft der Pragser Wildsee bei schönem Wetter die Wolken und Umrisse des Seekofels als schillerndes Traumbild zurück. Nach alter Sage soll hier das mystische Reich des Fanes-Volkes versunken sein. Der See kann auch per Boot erkundet werden – Verleih direkt am Ufer.

A Drei-Zinnen-Straße

Strecke: *Zahlreiche Aussichtshungrige am Straßenrand erschweren die Fahrt.*

Info: Kurz vor Misurina zweigt die 9 km lange, spektakuläre Drei-Zinnen-Straße ab, die kehrenreich mit Steigungen von bis zu 20 Prozent auf 2400 m Höhe führt (Juni bis September).

4
12 km
SR48

Jetzt rechts abbiegen und 12 km auf der SR48 in Richtung Cortina d'Ampezzo fahren.

Strecke: *Kurvige Bergabstrecke mit perfektem Belag und gut einsehbaren Kurven über den Passo Tre Croci (1809 m).*

5
6 km
SR48

In Cortina rechts, gleich wieder links und dann zweimal rechts abbiegen, dabei auf der SR48 bleiben, 6 km in Richtung Passo di Falzarego.

Strecke: *Kurvenreiche Traumstrecke.*

Info: Das berühmte Cortina d'Ampezzo (1211 m) ist Hauptort der Dolomitenladiner, einer Volksgruppe mit eigener Schriftsprache.

6
21 km
SP638

Am Belvedere oberhalb von Cortina links auf die SP638 und 21 km bis Selva di Cadore.

TOP TIPP

Strecke: *Über einen der schönsten Dolomitenpässe, den Passo di Giau (2236 m) – ein sensationelles Serpentinenensemble! Auf der Passhöhe trifft man immer Gleichgesinnte, obgleich die Strecke relativ wenig befahren ist. Auf dem Weg hat man vom Belvedere einen tollen Blick auf Cortina. Von Mai bis September ist der Pass sicher befahrbar.*

Stolze Könige der Dolomiten: die Drei Zinnen.

Auf dem Weg zum Passo di Giau.

7
5 km
SP20

In Selva di Cadore rechts auf die SP20 abbiegen und 5 km bis Caprile fahren.

Strecke: *Immer noch Superkurven, diesmal allerdings bergab.*

8
28 km
–

In Caprile rechts, dann geradeaus in Richtung Rocca Pietore und 28 km bis nach Canazei.

Strecke: *Auf breiter Straße zirkelt man in weiten Bögen über den Passo di Fédaia (2057 m). Treffpunkt der Biker ist die Terrasse der Marmolada-Hütte am Ufer des Stausees. Die Abfahrt nach Canazei ist erfreulich verschlungen und auch recht schmal.*

Restaurant- und Hotel-Tipps: Rund 2 km westlich von Canazei, in Campitello, liegt das Hotel Gran Paradis. Hier trifft man des Öfteren Gleichgesinnte, mitunter wird ein feucht-fröhliches Après-Bike gepflegt. Eine außergewöhnliche Panoramalage bietet das Bellavista an der Auffahrt zum Pordoi-Pass in Pecol, einem Ortsteil von Canazei. Biker finden hier Garage, Trockenraum und einen Waschplatz vor.

Hotel Gran Paradis, Via Dolomiti 2, I-38031 Campitello, Tel. 00 39/04 62/75 01 35, www.granparadis.com €€€

Sporthotel Bellavista, Strèda de Pordoi 12, I-38032 Canazei-Pecol, Tel. 00 39/04 62/60 11 65, www.bellavistahotel.it €€

Einzigartige Landschaft am Passo di Fédaia.

9
6 km
SS48

In Canazei im Kreisel die 1. Ausfahrt auf die SS48 nehmen und 6 km Richtung Sellajoch.

Strecke: *Tolles Kurvengeschlängel bergauf.*

Event-Tipp: Beim Gran Festa da d'Istà, das alljährlich im September in Canazei gefeiert wird, ziehen die Einheimischen mit ihren traditionellen Kostümen durch die Straßen (www.granfesta.com/de).

10
11 km
SS242

An der Abzweigung links auf der SS242 und 11 km über die Passhöhe des Sellajochs fahren.

Strecke: *Geniale Serpentinenstrecke übers Sellajoch (2240 m). Die relativ breit ausgebaute Straße ist in gutem Zustand, wird in der Ferienzeit aber leider auch gern von Wohnmobilen und Reisebussen genutzt.*

11
15 km
SS243

Vor Wolkenstein rechts in Richtung Grödnerjoch, 15 km auf der SS243 bis nach Corvara.

Strecke: *Traumsurf übers Grödnerjoch (2121 m) mit herrlichen Ausblicken auf die bleichen Dolomitengipfel. Die kehrenreiche Abfahrt nach Corvara verlangt allerdings Kondition. Der gut ausgebaute, mit griffigem Belag bestückte Pass ist nur bei starkem Schneefall geschlossen.*

A Passo Pordoi

Strecke: *Bei der Auffahrt zum Sellajoch auf halber Höhe auf der S48 bleiben und 16 km über den Passo Pordoi nach Arabba fahren. Hier links, nach 10 km in Corvara wieder zur Hauptroute.*

Info: Mit vielen engen Kehren ist der zweithöchste Straßenpass (2239 m) Italiens eine echte Prüfung und ein großes Fahrvergnügen zugleich.

12
23 km
SS244

In Corvara links auf die SS244 abbiegen und 23 km in Richtung Bruneck fahren.

Strecke: *Nach so vielen Kurven ist es Zeit für ein wenig Entspannung: Wir cruisen ganz gemütlich durchs wunderbare Gadertal.*

Info: Corvara ist eines der großen Wintersportzentren von Alta Badia. Sehenswert ist die alte, um 1520 errichtete Pfarrkirche St. Katharina mit ihrem einzigartigen Flügelaltar. Das Flügelgemälde – gemalt von einem unbekannten Künstler – zeigt die Enthauptung der heiligen Katharina und ist von hoher künstlerischer Qualität.

13
5 km
–

In Zwischenwasser die SS244 verlassen, an der T-Kreuzung rechts und 5 km bis St. Vigil.

14
19 km
–

In St. Vigil links und über den Furkelsattel 19 km bis nach Olang.

Strecke: *Einfach zu fahrende Etappe über ein kleines, landschaftlich sehr reizvolles Passsträßchen mit wenig Verkehr, das uns bis auf 1759 m Höhe und über den Furkelsattel führt. Wir überwinden eine Höhendifferenz von 744 m mit Steigungen von bis zu 15 Prozent.*

A Rautal

Strecke: *Spannende, schmale Straße.*

Info: Ab St. Vigil schöner, 12 km langer Abstecher ins Rautal, der an der bewirtschafteten Pederü-Hütte unter mächtigen Felswänden seinen Wendepunkt hat. In der gemütlichen Berghütte kann man auch übernachten.

Berggasthaus Pederü,
Str. Val dai Tamersc 16, I-39030 St. Vigil,
Tel. 00 39/04 74/50 10 86, www.pederue.it

Der 2665 m hohe Sass Songher bei Corvara.

15

8,5 km

–

In Olang rechts halten, durch den Ort nach Oberolang, dann 8,5 km auf kleiner Straße parallel zur SS49 zurück nach Welsberg fahren.

Strecke: *Ruhigere Alternative zur viel befahrenen SS49.*

Info: Drei Altarbilder des berühmten, in Welsberg geborenen Südtiroler Barockkünstlers Paul Troger (1698–1762) kann man in der barocken Pfarrkirche St. Margareth besichtigen. Die Bilder hat der Maler im Jahr 1739 der Gemeinde als Geschenk überlassen. Noch heute wird Troger in Welsberg verehrt und gefeiert.

Restaurant- und Hotel-Tipp: Das Hotel Dolomiten in Welsberg ist ein familiengeführtes, preiswertes Haus mit richtig guter Küche. Alle Zimmer sind neu gestaltet, entspannen kann man in der Saunaanlage mit Tiroler Schwitzstube, Biosauna, Aroma-Dampfbad und Kneippbecken. Das Hotel richtet sich eigentlich an Fahrradfahrer, aber auch motorisierte Zweiräder werden mit aller Gastfreundschaft empfangen.

Hotel Dolomiten, Bahnhofstraße 13, I-39035 Welsberg (Monguelfo), Tel. 00 39/04 74/94 41 46, www.bikehotel.com €

Dolomiten
Dünne Luft
Eisack-, Gader- und Grödner Tal, Ampezzaner Dolomiten
6

Ⓐ **Ausgangsort**
Brixen (I-39042)

Ⓔ **Zielort**
Brixen (I-39042)

196 km ★★★★★ ★★★★★

Straßentypen (in Prozent der Streckenlänge)

Landstraße/asphaltierte Nebenstraße	Bundesstraße/Schnellstraße
55	45

■ Landstraße/asphaltierte Nebenstraße
■ Bundesstraße/Schnellstraße

Pässe (6): *Würzjoch, Valparolapass, Falzaregopass, Passo di Giau, Passo di Fédaia, Sellajoch*

Diese Tour können Sie mit Routen 8, 10 und 12 kombinieren.

Tourismusverband Alta Badia
Col Alt 36
I-39033 Corvara
Tel. 00 39/04 71/83 61 76
corvara@altabadia.org
www.altabadia.org

Und noch eine sehr anspruchsvolle Top-Tour, die uns über sechs sensationelle Pässe führt. Hervor sticht dabei nebem dem Passo di Giau und dem Sellajoch ganz klar das Würzjoch. Nur wenige Touristen verirren sich auf diese uralte Verbindungsstrecke zwischen Gader- und Eisacktal, und als Biker weiß man gar nicht, worüber man sich mehr freuen soll – über die ungestörte Jagd durch hochkarätige Kurvenensembles oder den Traumblick zum Peitlerkofel.

Route 9
Brixen
St. Andrä
Plose 2562
Zwischenwasser
St. Vigil
Furkelsattel 1759
St. Martin i. Thurn
Würzjoch 1987
Top Tipp
Brixner Dolomitenstraße
Peitlerkofel 2875
SS244
Seekofel 2810
Rautal
SS12
Klausen
Villnöß
Villnößtal
Eisacktal
Eisack
Geislerspitzen
Gadertal
Gader Bach
Abtei
Stern
St. Kassian
Rittner Horn 2260
SS508
SS242dir
A22
Pontives
St. Ulrich
Wolkenstein
Grödner Bach
Grödnerjoch 2121
Corvara
Kastelruth
SP37
Tofana 3244
Cortina d'Ampezzo
Kleiner Lagazuoi 2779
Belvedere
Hohe Gaisl 3146
SS51
Ritten
Seis
Seiser Alm
Dolomiten
Völs
Schlern 2563
Sellagruppe
SS242
Piz Boé 3152
Passo di Campolongo 1875
2192 Passo di Valparola
2105 Passo di Falzarego
SR48
Boite
Bozen
Talfer
Sellajoch 2240
SS241
Eggental
Arabba
2239 Passo Pordoi
SS48
SP638
2236 Passo di Giau
Andraz
Campitello
Canazei
Avisio
Fassatal
Rosengarten
Welschnofen
Pozza di Fassa
Vigo di Fassa
Karerpass 1745
2057
Passo di Fédaia
Marmolada 3342
Rucava
Selva di Cadore
SP251
Rocca Pietore
Caprile
SR203
Lago d'Alleghe
1773 Forcella Staulanza
Monte Pelmo 3168
N
Route
5 km
Freiburg
DEUTSCHLAND
München
Salzburg
Garmisch-Partenkirchen
Oberstdorf
SCHWEIZ
Chur
Innsbruck
ÖSTERREICH
Bruneck
Lienz
Airolo
St. Moritz
Meran
Cortina d'Ampezzo
Bormio
Bozen
Lugano
Trento
ITALIEN
Bergamo
Vicenza

Tour-Stationen auf einen Blick

Tourlänge: 196 km

Nr.	Ort	PLZ	GPS-Koordinaten
Ⓐ	Brixen	I-39042	N 46 42.807 E 11 39.551
-	Würzjoch	-	N 46 40.503 E 11 48.847
02	St. Martin in Thurn	I-39030	N 46 41.220 E 11 53.869
03	Stern	I-39030	N 46 35.084 E 11 54.275
04	Passo di Falzarego	-	N 46 31.132 E 12 00.563
05	Abzweig SP638	-	N 46 31.343 E 12 06.604
06	Selva di Cadore	I-32020	N 46 27.378 E 12 01.885
07	Rucava	I-32020	N 46 27.383 E 11 59.349
08	Caprile	I-32023	N 46 26.358 E 11 59.515
-	Rocca Pietore	I-32020	N 46 25.933 E 11 58.542
09	Canazei	I-38032	N 46 28.374 E 11 46.628
10	Abzweig Sellajoch	-	N 46 29.753 E 11 47.246
-	St. Ulrich	I-39046	N 46 34.406 E 11 40.329
11	Pontives	I-39043	N 46 38.850 E 11 34.940
12	Klausen	I-39043	N 46 38.848 E 11 34.925
Ⓔ	Brixen	I-39042	N 46 42.807 E 11 39.551

Die Tabelle enthält die wichtigsten Stationen der Route – ggf. wurden Orte weggelassen oder zur exakteren Navigation ergänzt; Referenzsystem der GPS-Koordinaten: WGS84.

1
42 km
–

Brixen in Richtung Würzjoch/St. Andrä verlassen und 42 km auf kleinen Straßen nach St. Martin.

TOP TIPP **Strecke:** *Das Beste gleich zum Auftakt: Das Würzjoch (1987 m) ist ein gut ausgebauter, teilweise enger Spitzen-Pass für kurvensüchtige Biker, der Fahrspaß garantiert. Im oberen Bereich zieht der imposante Peitlerkofel alle Blicke auf sich. Vorsicht: Immer wieder ist mit lästigem Splitt auf der Fahrbahn zu rechnen. Geöffnet Mai bis Oktober.*

Info: In den Laubengassen Brixens kann man sehr schön bummeln und in den Cafés leckere Eisbecher genießen (www.brixen.it).

2
12 km
SS244

In St. Martin rechts auf die SS244 und 12 km bis nach Stern fahren.

Strecke: *Fahrt durchs Gadertal – hier kommt man zügig voran.*

3
15 km
SP37
SP24

In Stern links Richtung Valparolapass, 15 km auf der SP37/SP24 bis zum Falzaregopass.

Strecke: *Herrliche, gut ausgebaute Kurven- und Kehrenensembles führen hoch zum Valparolapass (2192 m) und dann zum Falzarego (2105 m).*

Tipp: Gasserhof

Restaurant- und Hotel-Tipp: In St. Andrä, oberhalb von Brixen an der Brixner Dolomitenstraße, liegt der bikerfreundliche Gasserhof. Tiefgarage, Schrauberecke und Trockenraum sind vorhanden. Die Küche zaubert Südtiroler Schmankerl auf die Teller.

Hotel Gasserhof, Dorfstraße 31, I-39042 St. Andrä-Brixen, Tel. 00 39/04 72/85 00 97, www.gasserhof.com €

Übers Würzjoch mit Blick auf den Peitlerkofel.

4
10 km
SR48

Am Falzaregopass links Richtung Cortina, dann 10 km auf der SR48 bis zum Abzweig der SP638 oberhalb von Cortina d'Ampezzo.

Strecke: *Lockerer Bergab-Surf mit vielen Serpentinen durch die wilde Landschaft der Ampezzaner Dolomiten.*

Info: Die Passstraße über den Falzarego wurde 1909 gebaut und erreicht eine Höhe von 2105 m. Vom Pass führt eine Bergbahn freischwebend auf den 2779 m hohen Kleinen Lagazuoi. Die Passhöhe hat sich zum beliebten Motorradtreff entwickelt.

5
20 km
SP638

Am Belvedere oberhalb von Cortina rechts auf die SP638 und 20 km bis Selva di Cadore.

Strecke: *Fahrt über einen der schönsten Dolomitenpässe, den Passo di Giau (2236 m). Er ist zwar mit seinen 15 km nicht sehr lang, bietet aber atemberaubende Kehren und Serpentinen am laufenden Band. Gute Kondition ist hier gefragt. Der Pass ist von Mai bis September geöffnet.*

Info: Vom Belvedere hat man einen sehr schönen Blick auf Cortina d'Ampezzo. Cortina ist Luftkurort und gleichzeitig einer der bekanntesten Wintersportorte der Dolomiten. 1956 wurden hier die Olympischen Winterspiele ausgetragen.

6
6 km
SP251

Noch vor Selva di Cadore rechts abbiegen, dann 6 km auf der SP251 bis nach Rucava fahren.

Strecke: *Immer noch Superkurven, diesmal bergab.*

7
5 km
SR203

In Rucava scharf links auf die SR203 und der Straße 5 km bis nach Caprile folgen.

Strecke: *Weiterhin spannende Fahrt mit tollen Kurven.*

8
27 km
–

In der Ortschaft Caprile am Linksknick der Hauptstraße rechts in Richtung Rocca Pietore abbiegen und 27 km bis Canazei fahren.

Strecke: *Gut ausgebaute Nebenstrecke über den Passo di Fédaia (2057 m). Kurvenreiche und schmale Abfahrt nach Canazei.*

Hotel-Tipp: Das empfehlenswerte Hotel Gran Paradis liegt 2 km westlich von Canazei in Campitello. Neben komfortablen Zimmern bietet es einen Wellnessbereich mit Schwimmbad.

Hotel Gran Paradis, Dolomitenstraße 2, I-38031 Campitello, Tel. 00 39/04 62/75 01 35, www.granparadis.com €€€

Bizarre Bergwelt am Valparolapass.

9 | *6 km* | SS48

In Canazei im Kreisverkehr die 1. Ausfahrt auf die SS48 nehmen und der Straße 6 km in Richtung Sellajoch folgen.

Strecke: *Tolles Kurvengeschlängel bergauf.*

10 | *27 km* | SS242

Jetzt links auf die SS242 – nicht der SS48 zum Passo Pordoi folgen – und 27 km bis hinter St. Ulrich.

Strecke: *Geniale Serpentinenstrecke über das Sellajoch (2240 m), das wegen seines traumhaften Panoramas gerühmt wird. Die Abfahrt nach Wolkenstein weist nur wenige enge Kehren und kaum steiles Gefälle auf.*

11 | *16 km* | SS242dir

Am Kreisel im Ortsteil Pontives die 1. Ausfahrt nehmen und 16 km auf der SS242dir bis Klausen.

Strecke: *Aussichtsreiche Kurvenstrecke ins Eisacktal.*

12 | *10 km* | SS12

In Klausen rechts auf die SS12 und auf der Brennerstraße 10 km zurück nach Brixen fahren.

Strecke: *Retour auf viel befahrener Strecke durchs Eisacktal.*

Tipp: Klausen

Info: Eine sehr schöne Altstadt mit typischem Südtiroler Kleinstadtflair bietet Klausen – ideal zum Bummeln oder Cappuccino-Trinken. Beim monatlichen Markt, der sich nach dem kirchlichen Kalender richtet, ist die ganze Stadt auf den Beinen, und an den Ständen und Buden gibt es viel zu stöbern und zu entdecken (www.klausen.it).

Dolomiten
Serpentinenjagd ins Veneto
Rund um die Civetta
10

Ⓐ **Ausgangsort**
Moena (I-38035)

Ⓔ **Zielort**
Moena (I-38035)

185 km | ★★★★★ | ★★★★

Straßentypen (in Prozent der Streckenlänge)

40 | 60

- Landstraße/asphaltierte Nebenstraße
- Bundesstraße/Schnellstraße

Pässe (8): *Passo San Pellegrino, Passo di Valles, Passo Rolle, Passo Cereda, Forcella Aurine, Passo Duran, Staulanzapass, Passo San Pellegrino*

Diese Tour können Sie mit Routen 8, 9 und 11 kombinieren.

Consorzio Dolomiti Belluno
Via Mezzaterra 84
I-32100 Belluno
Tel. 00 39/04 37/94 11 48
info@belledolomiti.it
www.belledolomiti.com

Einsam ragen die südwestlichen Ausläufer der Dolomiten in den Himmel. Auch hier wartet ein sehr vielseitiges Repertoire spannender Passüberquerungen auf uns. Schnell ist der Trubel der bekannteren Pässe vergessen, und beim Kurven- und Serpentinenreigen schwingt man nicht selten ganz alleine über die Asphalt-Tanzfläche. Für ein landschaftliches Top-Erlebnis sorgt zudem die atemberaubende Bergkulisse von Marmolada, Civetta & Co.

Route 10
Freiburg
DEUTSCHLAND
München
Salzburg
Garmisch-Partenkirchen
Oberstdorf
SCHWEIZ
Innsbruck
ÖSTERREICH
Chur
Bruneck
Lienz
Airolo
St. Moritz
Meran
Cortina d'Ampezzo
Bormio
Bozen
Lugano
Trento
ITALIEN
Bergamo
Vicenza
Dolomiten
Fassatal
Latemar
Lagorai
Fleimstal
Val di Zoldo
SR48
SS48
SS346
SS50
SS232
SS347
SP346
SR203
SP20
SP251
SP347
SS51
A27
Arabba
2239
Passo Pordoi
Canazei
Lago di Fédaia
Passo di Fédaia
2057
Marmolada
3342
Andraz
Cordevole
2236
Passo di Giau
Selva di Cadore
S. Vito di Cadore
Antelao
3264
Boite
Pozza di Fassa
Rocca Pietore
Caprile
Forcella Staulanza
1773
Monte Pelmo
3168
Monte Pezza
2408
Lago d'Alleghe
Alleghe
Monte Civetta
3220
Passo Cibiana
1530
Moena
Passo San Pellegrino
1918
Le Fratte
Canale d'Agordo
Falcade
Cencenighe Agordino
Villa
Dont
Chiesa
Forno di Zoldo
Lago di Pontesei
2033
Parco Naturale
Passo di Valles
Avisio
Schwarzhorn
2439
Monte Agnello
2358
Predazzo
Passo Duran
1601
Pale di S. Lucano
2409
Monte Tamer
2547
Maè
Passo Rolle
1989
Cima di Vezzana
3192
Cavalese
Tesero
Lago di Forte Buso
Cimon della Pala
3184
Taibon
Agordo
Monte Talvena
2542
Coltorondo
2530
S. Martino di Castrozza
Palagruppe
Panevéggio - Pale di S. Martino
Frassenè-Agordino
Longarone
1299
Forcella Aurine
Monte Schiara
2565
Pala di San Martino
2987
Cima d'Asta
2847
1361
Passo Cereda
Top Tipp
Canal San Bovo
Transacqua
Passo di Gobbera
988
Mezzano
Lago di Val Noana
Belluno
Piave
N
Route
5 km

Tour-Stationen auf einen Blick

Tourlänge: 185 km

Nr.	Ort	PLZ	GPS-Koordinaten
A	Moena	I-38035	N 46 22.508 E 11 39.456
02	Le Fratte	I-32020	N 46 21.605 E 11 50.684
03	Abzweig Passo Rolle	-	N 46 18.538 E 11 45.168
04	Transacqua	I-38054	N 46 10.736 E 11 49.962
05	Agordo	I-32021	N 46 17.062 E 12 02.057
-	La Valle Agordina	I-32021	N 46 17.097 E 12 04.277
06	Villa Dont	I-32012	N 46 21.477 E 12 08.602
07	Selva di Cadore	I-32020	N 46 27.080 E 12 02.066
08	Caprile	I-32023	N 46 26.101 E 11 59.804
09	Cencenighe Agordino	I-32020	N 46 21.147 E 11 58.024
10	Falcade	I-32020	N 46 21.207 E 11 51.759
E	Moena	I-38035	N 46 22.506 E 11 39.459

Die Tabelle enthält die wichtigsten Stationen der Route – ggf. wurden Orte weggelassen oder zur exakteren Navigation ergänzt; Referenzsystem der GPS-Koordinaten: WGS84.

1 — *18 km* — SS346

A

Von Moena 18 km auf der SS346 in Richtung Falcade fahren.

Strecke: *Zum Warmfahren über den 1918 m hohen Passo San Pellegrino. Er bildet die Verwaltungsgrenze zwischen den Provinzen Trentino und Veneto. Kein echtes Highlight, die Anfahrt von Moena verläuft fast gerade, aber bergab wird es kurviger und steiler.*

Info: Moena ist ein charmanter Ort im beschaulichen Fassatal, nicht zu groß und nicht zu überlaufen. Sehenswert ist die Kirche San Vigilio mit ihrem gotischen Glockenturm. Im Innern kann man Werke des Malers Valentino Rovisi (1715–1783) besichtigen. Er stammte aus Moena und war Schüler des venezianischen Malers Tiepolo.

2 — *14 km* — –

In Le Fratte oberhalb von Falcade rechts abbiegen, 14 km über den Passo di Valles Richtung Predazzo.

Strecke: *Höhenflug auf meist gut ausgebauter, wenig befahrener Straße über den Passo di Valles (2033 m), dann folgt ein Kurventanz bergab.*

Info: Die Passhöhe des Passo di Valles bietet eine traumhafte Rundumsicht. Zahlreiche Funde von Feuersteinkeilen weisen darauf hin, dass der Gebirgspass bereits in der Steinzeit genutzt wurde.

Dolomiten-Idylle pur: Moena im Fassatal.

3
29 km
SS50

An der T-Kreuzung mit der SS50 links und 29 km über San Martino bis nach Transacqua fahren.

Strecke: *Schöne, teils steile Kurvenstrecke über den ganzjährig geöffneten Passo Rolle (1989 m), einen der ältesten Straßenpässe in den Dolomiten. In einigen Abschnitten Verwerfungen im Belag.*

Info: Ein mächtiger Felsklotz dominiert die Bergkulisse am Rollepass: Die Cima di Vezzana ist mit 3192 m der höchste Gipfel der Palagruppe.

Restaurant- und Hotel-Tipp: Bei Bikern bekannt und beliebt ist der einsam und ruhig gelegene Albergo Vezzana auf dem Passo Rolle. Schmackhafte Gerichte und eine grandiose Aussicht!

Albergo Vezzana, Via Passo Rolle 36, I-39030 Passo Rolle (TN), Tel. 00 39/04 39/683 28, www.albergovezzana.eu €€

4
32 km
SS347
SP347

In Transacqua links auf die SS347/SP347 abbiegen und der Straße 32 km bis nach Agordo folgen.

TOP TIPP ***Strecke:*** *Ein echter Geheimtipp ist der Passo Cereda. Trotz seiner geringen Höhe (1361 m) sorgen steile Streckenabschnitte (maximal 22 Prozent) und ein knackiger Serpentinenschlauch vor der Passhöhe für lupenreinen Motorradspaß. Nach etwas holpriger Abfahrt geht es aussichtsreich weiter über die Forcella Aurine (1299 m).*

Schön und mächtig: die wilde Cima di Vezzana.

5
22 km
SR203

In Agordo rechts auf die SR203, 1 km durch den Ort, nach dem Fluss links Richtung Forno di Zoldo und weiter 21 km bis nach Villa Dont.

Strecke: *Verwunschenes, kurvenreiches Traumsträßchen über den Passo Duran (1601 m) ins Val di Zoldo, das teilweise durch den Wald führt. Eng, verzwickt und manchmal unübersichtlich ist die Streckenführung. Der Fahrspaß überwiegt jedoch dank des guten Belags.*

Info: Die Provinz Belluno ist bekannt für ihre optische Industrie. In Agordo gibt es sogar ein eigenes Brillenmuseum. Die Sammlung umfasst rund 1200 Ausstellungsstücke aus allen Epochen, die in der restaurierten ehemaligen Villa der Manzoni gezeigt werden.

Collezione Ottiche e Occhiali Raccolta Rathschuler-Luxottica, Corso Patrioti 3, I-32021 Agordo, Tel. 00 39/04 37/626 41, Voranmeldung empfohlen, Eintritt frei.

Restaurant- und Hotel-Tipp: Das nette Motorradhotel Albergo Belvedere liegt 5 km vor Agordo in Frassenè. Hier könnte man auch gut und gern einen ganzen Urlaub verbringen. Das Haus bietet Parkplätze, einen Trockenraum und Waschplatz sowie Werkzeug. Im Restaurant wird gutbürgerliche italienische Küche serviert. Bei schönem Wetter isst man natürlich auf der sonnenverwöhnten Terrasse.

Albergo Belvedere, Via Domadore 29, I-32020 Frassenè-Agordino, Tel. 00 39/04 37/671 22 €€

Einsame Fahrt südlich des Passo Rolle.

6
21,5 km
SP251

In Villa Dont links auf die SP251 auffahren und der Straße 21,5 km bis Selva di Cadore folgen.

Strecke: *Grandioser Ritt über den kurvenreichen, wenig befahrenen Staulanzapass (1773 m). Schmale Bergstrecke, aber auch mit gutem Belag versehen und daher angenehm zu fahren. Ganzjährig geöffnet.*

Info: Auf dem Staulanzapass gibt es eine Raststätte und einen Parkplatz. Hier sollte man dem Motor eine ausgiebige Pause gönnen, denn wir befinden uns inmitten einer atemberaubenden Dolomitenkulisse. Südwestlich erhebt sich die mächtige Civetta auf 3220 m, und rechts vom Pass reckt sich der Monte Pelmo stolze 3168 m in den azurblauen Himmel. Vom Parkplatz aus kann man mehrere kleine Spaziergänge und Wanderungen in die umliegende Natur unternehmen.

7
5 km
SP20

In Selva di Cadore links auf die SP20 und 5 km bis nach Caprile hinab fahren.

Strecke: *Nein, Entspannung ist noch nicht angesagt. Die Kurvenkombinationen hinunter nach Caprile erinnern an eine Achterbahnfahrt.*

Pause im Angesicht der mächtigen Civetta.

8
13 km
SR203

Vor Caprile links auf die SR203 in Richtung Agordo auffahren und 13 km bis Cencenighe Agordino.

Strecke: *Jetzt wird es ruhiger. Einfach geradeaus rollen wir am Lago d'Alleghe vorbei – leider oft in einer recht zähen Blechlawine.*

Info: Am 11. Januar 1771 ging ein enormer Erdrutsch vom Monte Piz ab und begrub mehrere Ortschaften unter sich. In nur drei Tagen staute sich ein rund 20 m tiefer See, der Lago d'Alleghe, der weitere Orte überflutete. An diese Katastrophe und das durch sie verursachte Leid erinnert heute nichts mehr. Der wunderschöne, tiefblaue See wird jetzt zum Surfen, Segeln, Kanufahren und Angeln genutzt.

9
9 km
SP346

In Cencenighe rechts auf die SP346 abbiegen und 9 km bis nach Falcade fahren.

Strecke: *Schöne Straße über Canale d'Agordo.*

Hotel- und Restaurant-Tipp: Das Garni-Hotel Costa in Canale d'Agordo mit Restaurant, Pizzeria und Bierstube erfreut sich bei Bikern zu Recht großer Beliebtheit. Hier wird manch fröhliches Après-Bike gefeiert.

Hotel Garni Costa, Piazza Papa Luciani, I-32020 Canale d'Agordo,
Tel. 00 39/04 37/50 10 82, 04 37/59 02 26, www.garnicosta.com €€

10
22 km
SS346

Geradeaus durch Falcade und auf bekannter Strecke (SS346) 22 km zurück nach Moena fahren.

***Strecke:** Über den Passo San Pellegrino; diesmal genießen wir die Auffahrt über die steilere, spannendere Ostrampe.*

Info: Nördlich vom Passo San Pellegrino erhebt sich der mächtige vergletscherte Gebirgsstock der 3342 m hohen Marmolada. Im Ersten Weltkrieg trieben die österreichischen k.u.k.-Truppen Stollen in den Gletscher und den Fels des Gipfelbereichs. So entstand eine ganze Eisstadt, von der aus die italienisch kontrollierte Südwand unter Beschuss genommen wurde. Die Kämpfe an der Marmolada dauerten bis zum italienischen Rückzug im Herbst 1917.

Freunde italienischen Mineralwassers werden beim Namen San Pellegrino hellhörig. Der Durstlöscher aus der grünblauen Flasche stammt jedoch nicht von hier, sondern wird aus der gleichnamigen Quelle in San Pellegrino Terme in der Provinz Bergamo gewonnen.

Hotel-Tipp: Das Belvedere in Falcade ist ein gemütliches Hotel im Südtiroler Stil mit angenehmen, rustikalen Zimmern.

Albergo Belvedere, Via Garibaldi 28, I-32020 Falcade, Tel. 00 39/04 37/59 90 21, www.belvederehotel.info €€

Das Gotteshaus von Falcade.

Himmelsstürmer und Kaiserjäger

Durch das östliche Trentino

11

ROUTE 11

Dolomiten – Himmelsstürmer und Kaiserjäger

Ⓐ **Ausgangsort**
Predazzo (I-38037)

Ⓔ **Zielort**
Predazzo (I-38037)

258 km ★★★★ ★★★★★

Straßentypen (in Prozent der Streckenlänge)

70 | 30

- Landstraße/asphaltierte Nebenstraße
- Bundesstraße/Schnellstraße

Pässe (5): *Passo Rolle, Passo Brocon, Passo di Vézzena, Kaiserjägersteig, Passo Manghen*

Diese Tour können Sie mit Routen 10 und 13 kombinieren.

i A. P. T. Levico Terme
Viale V. Emanuele 3
I-38056 Levico Terme
Tel. 00 39/04 61/70 61 01
info@valsugana.info
www.valsugana.de

Einmal zum Himmel und wieder zurück: Diese Route führt durchs traumhafte östliche Trentino und bietet knifflige Kurven und steile Auffahrten am laufenden Band. Passo Rolle, Passo Brocon, Passo di Vézzena, Kaiserjägersteig und Passo Manghen heißen die rassigen Glanzlichter der Runde. Gemeinsam ergeben sie ein Motorradabenteuer der Extraklasse, auf das sich allerdings nur erfahrene Motorrad-Treiber einlassen sollten.

Route 11
Lago di Caldonazzo
Kaiserjäger-steig
Top Tipp
Albergo Monte Rovere
Levico Terme
Lago di Levico
1414
Passo di Vèzzena
Brenta
Roncegno
Borgo Valsugana
Telve
Cima Dodici
2336
Asiago
Altopiano dei Sette Comuni
Gallio
Chiuppano
Cima Fonti
1519
Marostica
Bassano del Grappa
Monte Grappa
1775
Crespano del Grappa
Lago del Carlo
Enego
Primolano
Grigno
Castello Tesino
Lago di Senaiga
Lamon
Monte Coppolo
2069
Passo Brocon
1616
Canal San Bovo
Monte Pavione
2334
Imer
Transacqua
Cismon
Feltre
Lago di Calaita
S. Martino di Castrozza
Passo Rolle
1989
Lago di Forte Buso
Pale di S. Martino
Panevèggio
Parco Naturale
Monte Croce
2490
2047
Passo Manghen
Maso
Molina di Fiemme
Cavalese
Tesero
Predazzo
Fleimstal
Lagorai
Latemar
Moena
Avisio
Vigo di Fassa
Fassatal
Karer See
Karerpass
1745
Schlern
2563
Welschnofen
Passo di Valles
2033
Passo San Pellegrino
1918
Canazei
Sellajoch
2240
Passo Pordoi
2239
Piz Boé
3152
Marmolada
3342
Lago di Fedaia
Falcade
Bozen
Salurn
Tramin
Etsch/Adige
Segonzano
Fersina
SS47
SS12
A22
SP71
SS612
SS48
SP349
A31
SP72
SP76
SP248
SS50
SR50
SS346
SP350
Freiburg
DEUTSCHLAND
München
Salzburg
Garmisch-Partenkirchen
Oberstdorf
SCHWEIZ
ÖSTERREICH
Innsbruck
Chur
Bruneck
Lienz
Airolo
St. Moritz
Meran
Bormio
Cortina d'Ampezzo
Bozen
Lugano
Trento
ITALIEN
Bergamo
Vicenza
N
Route
10 km

Tour-Stationen auf einen Blick

Tourlänge: 258 km

Nr.	Ort	PLZ	GPS-Koordinaten
A	Predazzo	I-38037	N 46 18.659 E 11 36.163
-	Passo Rolle	-	N 46 17.775 E 11 47.277
02	Imer	I-38050	N 46 09.037 E 11 47.598
03	Canal San Bovo	I-38050	N 46 09.364 E 11 43.913
-	Passo Brocon	-	N 46 07.121 E 11 41.286
04	Castello Tesino	I-38053	N 46 03.759 E 11 38.038
05	Grigno	I-38055	N 46 00.937 E 11 38.602
06	Primolano	I-36020	N 45 57.537 E 11 42.392
-	Enego	I-36052	N 45 56.437 E 11 42.341
07	Gallio	I-36032	N 45 53.548 E 11 32.644

Nr.	Ort	PLZ	GPS-Koordinaten
08	Asiago	I-36012	N 45 52.451 E 11 30.322
09	Albergo Monte Rovere	I-38056	N 45 57.841 E 11 17.798
10	Levico Terme	I-38056	N 46 00.244 E 11 18.140
11	Borgo Valsugana	I-38051	N 46 03.170 E 11 27.765
12	Telve	I-38050	N 46 04.290 E 11 28.879
13	Molina di Fiemme	I-38030	N 46 16.329 E 11 25.415
14	Einmündung SS48	-	N 46 17.233 E 11 26.462
E	Predazzo	I-38037	N 46 18.659 E 11 36.163

Die Tabelle enthält die wichtigsten Stationen der Route – ggf. wurden Orte weggelassen oder zur exakteren Navigation ergänzt; Referenzsystem der GPS-Koordinaten: WGS84.

1
48 km
SS50

Ⓐ

Von Predazzo auf der SS50 über San Martino di Castrozza 48 km bis nach Imer fahren.

Strecke: *Wilde Kurvenhatz über den Passo Rolle (1989 m). Die Auf- und Abfahrten sind ausgesprochen spannend und teilweise recht anspruchsvoll. Aber die Asphaltdecke ist ziemlich breit und zumeist intakt.*

Restaurant- und Hotel-Tipps: »Biker willkommen« heißt es im Sporthotel Sass Maor in Predazzo. Das familiär geführte Haus bietet angenehme Zimmer und einen Wellnessbereich mit Sauna, Whirlpool, Heubad und Fitnessstudio. Bei Motorradfahrern beliebt ist auch das Hotel Albergo Vezzana direkt auf dem Passo Rolle. Schmackhafte Speisen und eine traumhafte Aussicht werden hier geboten.

Sporthotel Sass Maor, Via Marconi 4, I-38037 Predazzo, Tel. 00 39/04 62/50 15 38, www.sassmaor.com €€

Albergo Vezzana, Via Passo Rolle 36, I-38058 Passo Rolle, Tel. 00 39/04 39/683 28, www.albergovezzana.eu €€

2
10 km
–

In Imer rechts auf die Via Suor Serafina Micheli abbiegen, dann 10 km bis Canal San Bovo.

Strecke: *Schöne Bergstrecke, die gut in Schuss ist. Vorsicht, stellenweise liegt Rollsplitt auf der Piste.*

Berg- und Bikerparadies Passo Rolle.

3
33 km
–

Vor Canal San Bovo scharf rechts, durch den Ort hindurch und der Straße 33 km weiter bis nach Castello Tesino folgen.

Strecke: *Fahrt über den schmalen und kurvenreichen Passo Brocon (1616 m), eine alte Militärstraße, die aber gut ausgebaut ist.*

Info: Auf der Passhöhe befindet sich ein Denkmal, das an den Gebirgskrieg von 1915–1918 erinnert. Die Beine kann man sich hier oben auf einem Naturlehrpfad vertreten, der anschaulich Wissenswertes über die hochalpine Pflanzenwelt der Region vermittelt.

4
11 km
–

In Castello Tesino links abbiegen und 11 km hinab nach Grigno fahren.

Strecke: *Traumhafte Bergabstrecke.*

5
8 km
–

In Grigno links in die Viale Trento Richtung Bassano abbiegen, dann 8 km bis Primolano.

Strecke: *Kleinere Straße parallel zur Schnellstraße SS47.*

6
37 km
–

Geradeaus durch Primolano, an der Auffahrt zur SS47 vorbei und diese überqueren, dann 37 km auf kleiner Straße über Enego bis nach Gallio.

Strecke: Bärige Kurven führen bergan auf die Hochebene der »Sieben Gemeinden« (Sette Comuni). Wir sind jetzt in Venetien.

Info: Über die herrliche Hochebene der Sieben Gemeinden spannt sich ein faszinierendes Geflecht aus kleinen Straßen, die alle einen Abstecher wert sind und bei Bikern für Endorphinschübe sorgen. Auf dem Weg stößt man dabei immer wieder auf Spuren des Ersten Weltkriegs. Von 1915 bis 1918 war die Gegend im Gebirgskrieg zwischen Österreich-Ungarn und Italien heftig umkämpft.

7
4 km
SP76

In Gallio geradeaus auf die SP76 und 4 km bis Asiago fahren.

Info: Die Sieben Gemeinden in der Provinz Vicenza bilden eine Sprachinsel der Zimbern. Auf dem Hochplateau weiden genüsslich die Schafe. Seit dem Mittelalter wird hier der bekannte Käse produziert, der nach dem Hauptort der Sieben Gemeinden, Asiago, benannt ist.

Tipp: Asiago

Restaurant- und Hotel-Tipp: Zentral gelegen, nicht weit von der Fußgängerzone entfernt, liegt das Hotel Erica, eine angenehme Unterkunft, wenn man in Asiago Station machen will. Die Küche zaubert lokale Spezialitäten auf die Teller.

Hotel Erica, Via Garibaldi 55, I-36012 Asiago, Tel. 00 39/04 24/46 21 13, www.hotelerica.it €€

8
25,5 km
SP349
SS349

Durch Asiago bis zur Einmündung auf die SP349/SS349, hier rechts Richtung Passo di Vézzena und 25,5 km bis zum Abzweig nach Levico.

Strecke: *Schneller Surf über den Passo di Vézzena (1414 m).*

9
9 km
–

Am Abzweig hinter dem Albergo Monterovere rechts halten und die SS349 verlassen, dann 9 km Richtung Levico Terme fahren.

TOP TIPP

Strecke: *Im siebten Biker-Himmel: Wie ein Korkenzieher schraubt sich der schmale, gerade mal einspurige Kaiserjägersteig (1281 m) durch die annähernd 700 m hohe Steilwand bergab in Richtung Lago di Caldonazzo. Die atemberaubenden Spitzkehren haben ihren Namen wirklich verdient, das Beste aber ist die fantastische Aussicht. Fahrer mit starker Höhenangst könnten hier möglicherweise Probleme bekommen. Zwischendurch muss man sich zudem durch kurze, unbeleuchtete, aber inzwischen geteerte Tunnel tasten. Der Streckenzustand wurde in den letzten Jahren durch Baumaßnahmen wesentlich verbessert. Biker treffen sich gern am Parkplatz auf halber Höhe der Passstraße.*

Info: Der Kaiserjägersteig wurde im Ersten Weltkrieg als Nachschubweg für die Alpenfront am Passo di Vézzena gebaut.

Sind Sie schwindelfrei? Der Kaiserjägersteig.

10
11 km
SS47

Vor Levico rechts über den Zubringer auf die Schnellstraße SS47 und 11 km Richtung Roncegno bis zur Ausfahrt Borgo Valsugana.

Strecke: *Teilweise vierspurig ausgebaute Schnellstraße.*

Info: Der Kurort Levico liegt an dem gleichnamigen See, dem Lago di Levico. Ein Badestrand, der sich nicht zuletzt durch eine hervorragende Wasserqualität auszeichnet, befindet sich am Südostende. Der restliche Teil des Gewässers ist von steilen, bewaldeten Hängen umgeben und fast unerschlossen. Nur 2 km westlich erstreckt sich der noch größere Lago di Caldonazzo.

Hotel-Tipp: Das Hotel Cristallo in Levico Terme ist besonders motorradfreundlich. Es gibt kostenfreie und sogar videoüberwachte Garagen, einen Trockenraum sowie ein Schwimmbad mit Sauna. Auch geführte Touren und ein Rückholservice werden angeboten.

Hotel Cristallo, Via G. De Vettorazzi 2, I-38056 Levico Terme, Tel. 00 39/04 61/70 64 27, www.hotelcristallotrentino.it €

11
7 km
–

Jetzt rechts die SS47 verlassen und 7 km durch Borgo Valsugana bis nach Telve fahren.

Höhenflug oberhalb des Lago di Caldonazzo und des schönen Val Sugana.

12
35 km
–

Im Zentrum von Telve rechts in die Via Santa Guistina Richtung Fleimstal einbiegen. Der Straße 35 km bis Molina di Fiemme folgen.

Strecke: *Die schmale, sensationell zu fahrende Scheitelstrecke über den Passo Manghen (2047 m) ist ein echtes Abenteuer, das lange in Erinnerung bleibt. Insgesamt 35 Kehren und deftige Steigungen von bis zu 20 Prozent lassen Bikerherzen höher schlagen. Leider ist der Straßenbelag nicht immer im besten Zustand.*

13
3,5 km
SS612

Im Kreisel vor Molina die 2. Ausfahrt nehmen, dann gleich wieder rechts auf die SS612 und 3,5 km bis zur Einmündung auf die SS48 fahren.

Strecke: *Durchs pittoreske Fleimstal.*

14
15,5 km
SS48

Hier rechts und der SS48 durchs Zentrum von Cavalese folgen. Jetzt 15,5 km weiter auf der SS48 zurück nach Predazzo fahren.

E

Strecke: *Schnörkellos geht es zurück zum Ausgangspunkt der Runde.*

Pass-Spiel

Sarntaler Alpen, Passeiertal

Ⓐ **Ausgangsort**
Bozen (I-39100)

Ⓔ **Zielort**
Bozen (I-39100)

241 km ★★★★ ★★★★

Straßentypen (in Prozent der Streckenlänge)

Landstraße/asphaltierte Nebenstraße	Bundesstraße/Schnellstraße
30	70

Pässe (4): *Timmelsjoch, Jaufenpass, Alte Brenner-Passstraße, Penser Joch*

Diese Tour können Sie mit Routen 6, 9 und 13 kombinieren.

Tourismusverein Passeiertal
Passeirer Straße 40
I-39015 St. Leonhard in Passeier
Tel. 00 39/04 73/65 61 88
info@passeiertal.it
www.passeiertal.org

Sparen Sie sich das Geld für die Achterbahn, und nehmen Sie lieber nachfolgende Tour unter die Pneus. Denn die mit Kurven übersäten, berühmten Passstraßen dieses Rundkurses katapultieren Sie garantiert von einer Schräglage in die nächste. Schon nach kurzem Warm-up auf der Höhenstraße von Hafling geht es am legendären Timmelsjoch richtig zur Sache. Und der fantastische Jaufenpass und das Penser Joch stehen dem in nichts nach!

Route 12
Bozen
Jenesien
Eppan
Vilpian
Nals
Lana
Meran
Algund
Schnenna
Hafling
Vöran
Mölten
Sarntal
Schloss Runkelstein
Wangen
Unterinn
Ritten
Klobenstein
Völs
Waidbruck
Eisacktal
Sarntaler Alpen
Texelgruppe
Ultental
Stubaier Alpen
Wipptal
St. Martin i. Passeier
St. Leonhard i. Passeier
Moos i. Passeier
Passer
Talfer
Etsch
Eisack
Jaufenpass 2094
Penser Joch 2211
2509 Timmelsjoch
TOP TIPP
Zuckerhütl 3507
Hohe Kreuzspitze 2744
Hirzerspitze 2781
Hohe Warte 2746
Telfer Weißen 2566
Habicht 3277
Rittner Horn 2260
Kassianspitze 2581
ITALIEN
ÖSTERREICH
Sterzing
Freienfeld
Pfitscher Tal
Brennerbad
Brenner
1374
SS38
SS238
SP52
SS44
SP98
SS42
SP99
SS508
SP135
SS12
SS44bis
186
A22
A13
182
Route
5 km
Freiburg
DEUTSCHLAND
München
Salzburg
Garmisch-Partenkirchen
Oberstdorf
SCHWEIZ
Chur
Innsbruck
ÖSTERREICH
Bruneck
Lienz
Airolo
St. Moritz
Meran
Cortina d'Ampezzo
Bozen
Lugano
Trento
ITALIEN
Bergamo
Vicenza

Tour-Stationen auf einen Blick

Tourlänge: 241 km

Nr.	Ort	PLZ	GPS-Koordinaten
Ⓐ	Bozen	I-39100	N 46 30.136 E 11 20.693
02	Jenesien	I-39050	N 46 32.205 E 11 19.717
03	Hafling	I-39010	N 46 38.826 E 11 13.396
04	Meran	I-39012	N 46 40.222 E 11 10.169
-	St. Martin	I-39010	N 46 46.966 E 11 13.693
05	St. Leonhard	I-39015	N 46 48.563 E 11 14.652
06	Timmelsjoch	-	N 46 54.314 E 11 05.851
07	St. Leonhard	I-39015	N 46 48.563 E 11 14.652
08	Sterzing	I-39015	N 46 53.212 E 11 25.640
-	Penser Joch	-	N 46 49.127 E 11 26.497

Nr.	Ort	PLZ	GPS-Koordinaten
09	Sarntal	I-39058	N 46 38.579 E 11 21.560
10	Abzweig SP135	-	N 46 35.549 E 11 23.022
11	Klobenstein	I-39054	N 46 32.099 E 11 27.535
-	Unterinn	I-39054	N 46 30.617 E 11 26.126
Ⓔ	Bozen	I-39100	N 46 29.717 E 11 21.086

Die Tabelle enthält die wichtigsten Stationen der Route – ggf. wurden Orte weggelassen oder zur exakteren Navigation ergänzt; Referenzsystem der GPS-Koordinaten: WGS84.

1
9 km
SS508
SP99

Ⓐ

Bozen auf der SS508 Richtung Sarntal verlassen, am nördlichen Stadtrand links auf die SP99 und 9 km nach Jenesien.

Strecke: *Nicht ganz einfaches Stop-and-go raus aus Bozen.*

Info: Die mittelalterliche Altstadt von Bozen mit ihrer 300 m langen Laubengasse lädt zum Flanieren und Einkaufen ein. Besonders reizvoll sind der Obstmarkt und der Waltherplatz mit dem Denkmal des Minnesängers Walther von der Vogelweide (www.bolzano-bozen.it).

Das Südtiroler Archäologiemuseum in Bozen beherbergt den weltberühmten »Ötzi«, den Mann aus dem Eis. Auf insgesamt vier Stockwerken erhält man zudem einen interessanten Überblick über die Geschichte Südtirols von der Steinzeit bis ins frühe Mittelalter.

Südtiroler Archäologiemuseum, Museumstraße 43, I-39100 Bozen, Tel. 00 39/04 71/32 01 00, www.archaeologiemuseum.it, Di–So 10–18 Uhr.

2
24 km
SP99
SP98

Geradeaus durch Jenesien und der Straße (SP99/SP98) 24 km bis nach Hafling folgen.

Strecke: *Verwegen gebaute, schmale Höhenstraße über Flaas, Mölten und Vöran: klein, fein und aussichtsreich.*

Die Höhenstraße zwischen Jenesien und Hafling, im Hintergrund der Mendelkamm.

3
11 km
SP 98

In Hafling links halten und 11 km auf der SP98 bis Meran fahren – in die Stadt.

Info: Das Wahrzeichen Haflings ist die aus dem 13. Jahrhundert stammende Kapelle St. Kathrein, nur ein paar Hundert Meter von Hafling entfernt in Richtung Meran. Von hier genießt man eine Traumaussicht auf die Texelgruppe. Nach Hafling benannt sind auch die heute vor allem als Freizeit- und Reitpferde beliebten Haflinger, die rund um das Gebirgsdorf immer noch auf den Almwiesen grasen und das Landschaftsbild prägen. Früher dienten die blondmähnigen Pferde den Bergbauern als Arbeitstiere, später beförderten sie auch zahlreiche Kurgäste von Meran hinauf nach Hafling.

Hotel-Tipp: Eine ideale Anlaufstelle für Biker ist die Frühstückspension Gröberhof in Schenna, oberhalb von Meran. Das familiäre Haus mit schöner Terrasse liegt auf 700 m Höhe und bietet eine gemütliche, sehr persönliche Atmosphäre. Für Motorradfahrer gibt es überdachte Stellplätze, einen Waschplatz, einen Trockenraum, Werkzeug und auf Wunsch natürlich auch Tourentipps.

Gröberhof, Verdinserstraße 40, I-39017 Schenna, Tel. 00 39/04 73/94 58 58, www.groeberhof.com €

Unterwegs auf der Anhöhe nahe Jenesien, nur wenige Schaltvorgänge hinter Bozen.

Weithin sichtbar: St. Kathrein bei Hafling, eingerahmt von der mächtigen Texelgruppe.

4
19 km
SS44

In Meran rechts auf die SS44 abbiegen, 19 km über St. Martin bis nach St. Leonhard in Passeier fahren.

Info: Meran zählt zu den schönsten Städten Südtirols, liegt eingebettet in eine traumhafte Gebirgslandschaft und bietet viel mediterranes Flair. Ein längerer Aufenthalt sollte daher eingeplant werden. Sehenswert sind die landesfürstliche Burg (1450), die alten Stadttore, die gotische Pfarrkirche St. Nikolaus (1302–67), die zweigeschossige Barbarakapelle (1422–40) sowie die Spitalkirche zum Hl. Geist, die nach einem Hochwasser zerstört und 1425–83 neu errichtet wurde. Spazieren kann man auf der schönen Kurpromenade am rechten Passerufer oder auf dem aussichtsreichen Tappeinerweg. Für einen Bummel bietet sich zudem die Laubengasse an, die vom Pfarrplatz zum Kornplatz führt. Sogenannte Laubengänge, die man auch in Bozen oder Brixen findet und in denen man geschützt an den Schaufenstern entlang wandelt, kennzeichnen die Hausfassaden (www.meran.eu).

Restaurant-Tipp: Im Buchenkeller in St. Martin in Passeier sollte man die Brettl-Marenden, den hausgemachten Speck, die Nudelgerichte im Pfandl oder ein Glas vom selbst angebauten Wein probieren.

Bucherkeller, Kellerlahn 4, I-39010 St. Martin in Passeier, Tel. 00 39/04 73/65 00 15.

5
29,5 km
SS44bis

In St. Leonhard links halten Richtung Timmelsjoch, dann 29,5 km auf der SS44bis hoch zur Passhöhe.

TOP TIPP

Strecke: *Die Kurven und Kehren hinauf zum Timmelsjoch (2509 m) sind legendär, und die mautfreie italienische Ostrampe bietet Fahrspaß pur. Von Mitte Oktober bis Mitte Juni ist sie gesperrt, von 20 bis 7 Uhr besteht Nachtfahrverbot. Wunderbare Aussicht!*

6
29,5 km
retour

Vom Timmelsjoch auf gleicher Strecke retour nach St. Leonhard fahren.

Strecke: *Doppelte Freude, auf dem Rückweg geht es rasant bergab.*

7
36 km
SS44

In St. Leonhard über den Kreisel in den Ort, dann links auf die SS44 und 36 km Richtung Sterzing.

Strecke: *Super-Kurvenspaß über den Jaufenpass (2094 m) mit überwältigenden Ausblicken. Manchmal lässt jedoch der Straßenbelag zu wünschen übrig. Geöffnet von Mai bis November.*

Info: Die Passhöhe des Jaufenpasses ist ein gut besuchter Bikertreff – man genießt die tolle Aussicht und kauft sich am Kiosk eine Cola.

Traumkurven erwarten uns am Timmelsjoch.

Wo sich Spaß auf Pass reimt: am Jaufenpass.

8
45 km
SS508

Vor Sterzing auf Höhe der Brenner-Autobahn rechts abbiegen und 45 km auf der SS508 bis nach Sarntal fahren.

Strecke: *Fahrt über das tolle, aber schmale und an manchen Stellen auch unübersichtliche Penser Joch (2211 m). Im unteren Teil windet sich die Strecke durch eine enge Schlucht mit einigen Tunnels. Abhängig von Schneelage und Witterung dauert die Wintersperre des Penser Jochs von Mitte Dezember bis Ende März.*

Restaurant- und Hotel-Tipp: Der Gasthof Alpenrosenhof auf dem Penser Joch lädt zur wohlverdienten Pause nach anstrengender Passfahrt ein. Auch Übernachtung ist möglich – Reservierung empfohlen.

Alpengasthof Alpenrosenhof, Penserjoch 29, I-39040 Freienfeld, Tel. 00 39/04 72/64 71 70, Mai–Okt., www.penserjoch.com €

9
7 km
SS508

Geradeaus durch Sarntal, weiterhin auf der SS508, 7 km bis zur Abzweigung der SP135 Richtung Klobenstein.

Event-Tipp: Der Sarner Kirchtag wird immer am ersten Septembersonntag gefeiert – ein großes, traditionelles Fest (www.sarntal.com).

A Alte Brenner-Passstraße

Strecke: *In Sterzing links auf die SS12. Bis zur Passhöhe (1374 m) und der Grenze zu Österreich sind es 16 km.*

Info: Seit dem Bau der Autobahn ist die alte Brennerstraße ein wenig aus der Mode gekommen. Dabei hat der jahrtausendealte Pass mit seinen herrlichen, recht anspruchsvollen Kurven durchaus fahrerische Reize. Die Strecke ist bestens ausgebaut und auch in den Kehren sehr breit, für Alpenneulinge also eine echte Empfehlung. Auf der österreichischen Seite gibt sich der Brenner dann schmaler und kurviger. Entspannung findet der müde Biker-rücken im Thermalwasser des traditionsreichen Brennerbads.

Brenner Thermalquellen, Brennerbad 13, I-39041 Brenner, Tel. 00 39/04 72/63 11 24, www.termedibrennero.it

10
15 km
SP135

Am Kreisverkehr die 2. Ausfahrt nehmen und 15 km der SP135 nach Ritten/Klobenstein folgen.

Strecke: *Zum Ausklang der Tour schwingen wir noch einmal durch ein kleines, aber sehr feines Kurvenensemble.*

Info: Die Gemeinde Ritten ist berühmt für ihre Erdpyramiden, die aus eiszeitlichem Moränenlehm aus dem Boden gewachsen sind. Wie kleine Dächer schützen Steine auf ihren Spitzen die so fragil wirkenden Skulpturen vor Erosion. Am Ritten bei Lengmoos, nördlich von Klobenstein, kann man besonders eindrucksvolle Exemplare bestaunen. Ein Wanderweg führt an den Pyramiden vorbei.

11
16 km
–

In Klobenstein rechts und 16 km geradeaus über Unterinn nach Bozen – Endstation der Tour.

Info: Auf einem Felsvorsprung am nördlichen Stadtrand von Bozen thront düster Schloss Runkelstein (13. Jahrhundert). In der Neuzeit wurde die Burg kaum umgebaut und hat sich so ihren mittelalterlichen Charakter bewahrt. Publikumsmagnet sind neben der Burganlage vor allem die gotisch-profanen Fresken aus der Zeit der Vintler.

E Burg Runkelstein, Tel. 00 39/04 71/32 98 08, www.runkelstein.info, Di–So 10–18 Uhr.

13 Südtiroler Ironman

Rund um die Ortlergruppe, Münstertal

Ⓐ **Ausgangsort**
Meran (I-39012)

Ⓔ **Zielort**
Meran (I-39012)

321 km ★★★★ ★★★★

Straßentypen (in Prozent der Streckenlänge)

15 | 85

■ Landstraße/Nebenstraße
■ Bundesstraße/Schnellstraße

Pässe (5): *Gampenjoch, Mendelpass, Tonalepass, Gaviapass, Umbrailpass*

Diese Tour können Sie mit Routen 12 und 14 kombinieren.

Kurverwaltung Meran
Freiheitstraße 45
I-39012 Meran
Tel. 00 39/04 73/27 20 00
info@meran.eu
www.meran.eu

Fünf Pässe, die es in sich haben. Die Tour ist ein ideales Training für alle, die sich den Titel eines »Ironman der Alpenpässe« an die Brust heften möchten. Schon der Gavia- und der teils geschotterte Umbrailpass sind Herausforderungen, beim Abstecher zum berüchtigten Stilfser Joch erkennen wir aber schnell: Nach oben ist noch Luft! Die Anforderungen der Route sind also hoch, und Alpenneulinge sollten sie mit Respekt befahren.

Route 13
SCHWEIZ
Piz Sesvenna 3205
Ofenpass
2149
Val Müstair
Müstair
Santa Maria
Lago di Livigno
Passo d'Eira
2209
2291
Passo di Foscagno
Umbrail-Pass
2501
2757
Stilfser Joch
Bormio
Cima de Piazzi 3439
Adda
Sóndalo
Ortler 3905
Sulden
Punta San Matteo 3678
Passo di Gavia
2618
Zufallspitze 3757
Ortlergruppe
ITALIEN
Mals
Schluderns
Spondining
Schlanders
Prad
Etsch
Vinschgau
Laaser Spitze 3305
Hasenöhrl 3257
Saldurnspitze 3433
Schloss Juval
Tschars
Naturns
Meran
Schenna
Passer
Lana
Sarntaler Alpen
Gampenjoch
1518
Etsch/Adige
Bozen
Klausen
Rittner Horn 2260
Eisack
Kastelruth
Völs a. Schlern
Welsch-nofen
Leifers
Rumo
Nonstal
Fondo
Monte Penegal 1737
Eppan
Kaltern
Cavareno
Livo
1362
Mendelpass
Kalterer See
Adige
Lago di S. Giustina
Cles
Tramin
Auer
Schwarzhorn 2439
Südtiroler Weinstraße
Neumarkt
Val di Sole
Cusiano
Dimaro
Noce
Vermiglio
1883
Ponte di Legno
Passo del Tonale
Cima Presanella 3556
Madonna di Campiglio
Pietra Grande 2936
Roverè della Luna
Mezzolombardo
Mezzocorona
Avisio
Adamello
N
Route
10 km
SS40
SS41
SS38
SS300
SS42
SS43dir
SS43
SS44
SS238
SS12
SP14
28
48
12
A22
1
2
3
4
5
6
7
8
9
10
11
Freiburg
DEUTSCHLAND
München
Salzburg
Garmisch-Partenkirchen
Oberstdorf
Innsbruck
ÖSTERREICH
Chur
Bruneck
Lienz
Airolo
St. Moritz
Meran
Bormio
Bozen
Cortina d'Ampezzo
Lugano
Trento
ITALIEN
Bergamo
Vicenza

Tour-Stationen auf einen Blick

Tourlänge: 321 km

Nr.	Ort	PLZ	GPS-Koordinaten
A	Meran	I-39012	N 46 39.701 E 11 09.565
-	Marling	I-39020	N 46 39.084 E 11 08.812
02	Cavareno	I-38011	N 46 24.678 E 11 08.328
03	Eppan	I-39057	N 46 26.449 E 11 15.563
04	Abzweig Tramin	-	N 46 21.815 E 11 15.226
-	Roverè della Luna	I-38030	N 46 14.915 E 11 10.077
05	Mezzocorona	I-38016	N 46 12.493 E 11 06.736
06	Livo	I-38020	N 46 23.622 E 11 00.763
07	Ponte di Legno	I-25056	N 46 15.418 E 10 31.342
08	Bormio	I-23032	N 46 28.019 E 10 22.266
09	Abzweig Umbrailpass	-	N 46 32.391 E 10 25.981
10	Santa Maria	CH-7536	N 46 36.134 E 10 25.508
11	Schluderns	I-39020	N 46 39.914 E 10 34.921
E	Meran	I-39012	N 46 40.337 E 11 09.209

Die Tabelle enthält die wichtigsten Stationen der Route – ggf. wurden Orte weggelassen oder zur exakteren Navigation ergänzt; Referenzsystem der GPS-Koordinaten: WGS84.

1
42 km
–
SS238

Ⓐ Meran auf der Via delle Palade/Gampenstraße westwärts verlassen, nach 1,5 km im Kreisverkehr bei Marling die 2. Ausfahrt (SS238) nehmen und 40,5 km über Lana bis nach Cavareno fahren.

Strecke: *Über das 1518 m hohe, kurvenreiche und ganzjährig geöffnete Gampenjoch hinüber ins Trentino. Gut ausgebaute Panoramastrecke mit maximal 9 Prozent Steigung und toller Aussicht auf das Etschtal. Auf der Strecke werden einige Tunnel durchfahren.*

Info: Mediterran und mondän gibt sich die Stadt Meran. Die schönste Promenade der Stadt, der Tappeinerweg, verläuft am Hang des Küchelberges entlang der Ost-West-Achse des Ortes. Vorbei an farbenprächtigen Blumen und Palmen spaziert man hoch über den Dächern Merans mit fantastischem Blick (www.meran.eu).

Hotel-Tipp: Der Gröberhof in Schenna oberhalb von Meran bietet eine großartige Aussicht auf die Berge und das Etschtal. Beim Essen auf der Sonnenterrasse mit einem Glas hausgekelterten Wein oder beim Baden im Pool kann man richtig schön entspannen. Fürs Motorrad gibt es einen überdachten Parkplatz und Waschmöglichkeiten.

Gästehaus Gröberhof, Verdinserstraße 40, I-39017 Schenna, Tel. 00 39/04 73/94 58 58, www.groeberhof.com €

Schöne Ausblicke auf der Gampenjochstraße.

2
24 km
SS43dir
SS42

Am Ortsanfang Cavareno scharf links in die Via Mendola und 24 km auf der SS43dir – später auf der SS42 – bis zum Abzweig der SP14 bei Eppan.

***Strecke:** Hinauf zum 1362 m hohen Mendelpass. Die Abfahrt verlangt eine sichere Hand und gutes Kurvengefühl, denn das Teerband windet sich in allen erdenklichen Radien und mit 12 Prozent Gefälle bergab.*

Info: Auf der Passhöhe laden mehrere Gasthäuser mit zum Teil herrlichen Terrassen zur Rast und zum Sonnenbad ein. Biker voller Tatendrang werden zuvor die direkt von der Passhöhe abzweigende, gut 4 km lange Stichstraße zum 1737 m hohen Monte Penegal erobern.

3
9 km
SP14

Jetzt rechts auf die SP14 abbiegen und auf der Südtiroler Weinstraße 9 km über Kaltern bis zum Abzweig nach Tramin fahren.

***Strecke:** Auf der Südtiroler Weinstraße am Kalterer See vorbei.*

Info: So unangenehm kühl, wie sein Name es vermuten lässt, sind die Wassertemperaturen des Kalterer Sees gar nicht. Im späten Frühjahr und Sommer kann man in dem oft sogar als wärmsten Badesee der Alpen bezeichneten Gewässer herrlich plantschen.

4
24 km
–

Am Abzweig rechts, auf der Weinstraße bleiben und 24 km über Tramin und Roverè nach Mezzocorona fahren – durch den Ort (Via Rotaliana) zur SS43.

Strecke: *Weiterhin durch die Reblandschaft an der Südtiroler Weinstraße. Kleine, aber ordentlich asphaltierte Piste.*

Info: Tramin ist die Heimat der weltbekannten, gleichnamigen Weinrebe. Viele andere bedeutende Rebsorten sind aus Kreuzungen mit der Traminer-Rebe hervorgegangen, darunter die Sorten Riesling und Cabernet Sauvignon. Auch wer sich nicht für Wein interessiert, sollte in Tramin einen Stopp einlegen. Der mittelalterliche Ortskern, die kleinen Gassen und die markante Kirche St. Quiricus und Julitta, die übrigens den höchsten Kirchturm Südtirols besitzt, sind sehenswert.

Event-Tipp: Im Oktober verwandelt sich Tramin bei den Traminer Törggeletagen in ein großes Weinfest mit Musik, Südtiroler Schmankerln und reichlich Gelegenheit zur Weinverkostung (www.tramin.com).

5
28 km
SS43

Rechts auf die SS43 auffahren und 28 km über Mezzolombardo und Cles bis vor Livo fahren.

Strecke: *Schnelle Straße zum Lago di Santa Giustina.*

6
49 km
SS42

Vor Livo links der Hauptstrecke folgen (ab hier SS42) und 49 km über Dimaro und den Passo del Tonale bis Ponte di Legno fahren.

***Strecke:** Zügig durch das Val di Sole, das seinem Namen Sonnental alle Ehre macht, hinauf zum ganzjährig geöffneten, 1883 m hohen Tonale-Pass. Die Passstraße ist gut ausgebaut und recht stark befahren. Die mit Betonarchitektur überfrachtete Passhöhe wirkt wenig einladend, allerdings hat man von hier einen schönen Blick auf den Adamellogletscher.*

7
44 km
SS300

Am Ortsanfang von Ponte di Legno rechts auf die SS300 abbiegen, 44 km über den Gaviapass nach Bormio – auf der SS300 in den Ort hinein bis zur Einmündung auf die SS38.

***Strecke:** Ein Motorradabenteuer der besonderen Art: Auf der Südrampe des 2618 m hohen Gaviapasses ist die Fahrbahn teilweise so schmal, dass es bereits beim Zusammentreffen zweier sich entgegenkommender Goldwings problematisch wird. Ausweichstellen sind rar gesät, bis zu 16 Prozent Steigung sind zu bewältigen. Für geübte Motorradfahrer bedeutet das zwischen Juni und Oktober pures Fahrvergnügen! Die Abfahrt nach Bormio indessen ist auch für Anfänger leicht zu meistern.*

Tipp: Hotel Margherita Rumo

Restaurant- und Hotel-Tipp: Versteckt im Nonstal liegt das Bikerhotel Margherita. Hier kann man in schönen Zimmern, verpflegt mit regionstypischer Küche oder bei einer Partie Billard herrlich relaxen. Es lohnt sich, die angebotenen Panorama-Spaziergänge durchs Nonstal auszuprobieren.

Hotel Margherita, Fraz. Marcena 61, I-38020 Rumo, Tel. 00 39/04 63/530 53 31, www.hotelmargheritarumo.it €€

Mit Aufklebern verziertes Schild am Gaviapass.

8
18 km
SS38

In Bormio rechts auf die Via Milano (SS38) und 18 km in Richtung Stilfser Joch fahren.

9
14 km
–

An der Abzweigung zum Stilfser Joch geradeaus in Richtung Schweiz und 14 km über den Umbrailpass bis Santa Maria im Val Müstair fahren.

TOP TIPP ***Strecke:*** *Gänsehaut garantiert: Der 2501 m hohe Umbrailpass ist auf 3 km Länge nur geschottert. Bergab führen 35 elektrisierende Spitzkehren ins herrliche Val Muraunza. Befahrbar ist der Pass von Mai/Juni bis Oktober. Aufgrund seiner extremen Haarnadelkurven und der Schotterpiste gilt er als schwierig, ist aber – eine kontrollierte Gashand, hohe Konzentration und etwas Erfahrung vorausgesetzt – durchaus auch mit schweren Straßenmaschinen und sogar mit Choppern zu meistern. Achtung: Der Grenzübergang ist ab 22 Uhr geschlossen.*

Info: Der Umbrailpass ist die höchste Schweizer Grenzpassstraße und verbindet seit 1901 den Südtiroler Vinschgau mit dem Münstertal (Val Müstair) in Graubünden. Zum Leidwesen engagierter Motorradfahrer soll der letzte unasphaltierte Abschnitt bald auch eine Bitumendecke erhalten und wird dann wohl etwas von seinem Reiz einbüßen.

A Stilfser-Joch-Passhöhe

Strecke: *Das Stilfser Joch steht bei dieser Route zwar noch nicht offziell auf dem Programm, man sollte aber unbedingt die 3 km vom Etappenpunkt 9 (auf der SS38) bis zur Passhöhe fahren, um einen Blick auf die grandiose Ortlergruppe und auf die berüchtigten Serpentinen der Nordostrampe zu werfen.*

Info: Oben trifft man außerdem fast immer Gleichgesinnte, vor allem an den Wochenenden entwickelt sich der Sattel des Stilfser Jochs zu einem quirligen Bikertreff. Imbissstände verkaufen hier eine sagenhaft gute Bratwurst mit Kraut im Vinschgerl (dunkles Brötchen). Übrigens: Die Anfahrt über die Südwestrampe ist für Anfänger wesentlich besser zu meistern als die sehr anspruchsvolle Nordostrampe.

10
17 km
28
SS41

In Santa Maria rechts auf die Hauptstrasse 28 und über Müstair zurück nach Italien. Ab der Grenze auf der SS41. Bis Schluderns sind es 17 km.

Strecke: *Nach ausgiebiger Kurvenjagd genießen wir jetzt entspanntes Cruisen durch das liebliche, saftig-grüne Münstertal.*

Hotel-Tipp: Das Motor Bike Hotel Münsterhof im Schweizerischen Müstair bietet alles, was Motorradfahrer brauchen. Der Wirt ist selbst leidenschaftlicher Motorradfahrer und gleichzeitig Präsident des Motorradclubs »Star Cruisers Switzerland«.

Hotel Münsterhof, CH-7537 Müstair, Tel. 00 41/(0)81/858 55 41, www.muensterhof.ch €€€

11
52 km
SS40
SS38

In Schluderns rechts auf die SS40 und 52 km – ab Spondigna auf der SS38 – zurück nach Meran.

Strecke: *Schöne Geradeauspassage durch den Vinschgau.*

Info: Auf Schloss Juval bei Naturns lebt die Südtiroler Bergsteigerlegende Reinhold Messner. Seine Sammlung tibetischer Kunst sowie Gemälde mit Bergmotiven können im Schloss besichtigt werden.

Messner Mountain Museum, Schloss Juval, I-39020 Kastelbell, Tel. 00 39/03 48/443 38 71, www.messner-mountain-museum.it

Im Münstertal in Graubünden ist nach der Pässehatz entspanntes Touren angesagt.

Alle Neune!

Engadiner und Rätische Alpen, Livigno-Alpen

14

ROUTE 14 — Schweizer Alpen – Alle Neune!

Ⓐ **Ausgangsort**
St. Moritz (CH-7500)

Ⓔ **Zielort**
St. Moritz (CH-7500)

295 km ★★★★★ ★★★★★

Straßentypen (in Prozent der Streckenlänge)

15 | 85

- Landstraße/asphaltierte Nebenstraße
- Bundesstraße/Schnellstraße

Pässe (9): *Berninapass, Forcola di Livigno, Passo d'Eira, Passo di Foscagno, Stilfser Joch, Ofenpass, Fluelapass, Julierpass, Albulapass*

Diese Tour können Sie mit Routen 13 und 15 kombinieren.

St. Moritz Tourist Information
Via Maistra 12
CH-7500 St. Moritz
Tel. 00 41/(0)81/837 33 33
stmoritz@estm.ch
www.stmoritz.ch

Auf dieser Route fallen die Pässe wie die Kegel. Und was für Pässe! Das Beste und auch Schwierigste, was die Alpen zwischen Schweiz und Italien bieten. Vor allem die Abfahrt über das Stilfser Joch sollte von Einsteigern mit Vorsicht und nur bei guten Bedingungen angegangen werden. Alle anderen Pässe bieten jedoch Fahrspaß bis zum Abwinken. Den langen Pässetag krönt ein gemütlicher Abend in einem der zahlreichen Motorradhotels.

Route 14
SCHWEIZ
ITALIEN
Davos
Davos Dorf
Davoser See
Vereina-Tunnel
Landquart
Silvretta
Piz Linard
3410
Motta Naluns
2155
Scuol
Flüela Weisshorn
3085
Flüelapass
2383
Flüela Schwarzhorn
3146
Sagliains
Susch
Zernez
Piz Sesvenna
3205
Parpaner Rothorn
2861
Glaris
Landwasser
A13
Thusis
Hinterrhein
Surava
Alvaneu
Tiefencastel
Piz Vadret
3229
Piz Kesch
3418
Bergün
Albulapass
2315
Zuoz
Inn
Ofenpass
2149
Val Müstair
Mals
Schluderns
Spondinig
Prad
Etsch
Müstair
Santa Maria
Savognin
Rätische Alpen
Piz d'Err
3378
Mulegns
Samedan
St. Moritz
Pontresina
Marmorera See
Julierpass
2284
Silvaplana
St. Moritzer See
Silvaplana See
Malojapass
1815
Silser See
Engadin
Piz Morteratsch
3751
Piz Bernina
4049
Piz Palü
3901
Lago Bianco
Berninapass
2330
Forcola di Livigno
2315
Lago di Livigno
Livigno
Passo d'Eira
2209
San Rocco
Passo di Foscagno
2291
Bormio
Valfurva
Monte Confinale
3370
Zufallspitze
3757
Cima de Piazzi
3439
Adda
Punta San Matteo
3678
Umbrail-Pass
2501
Trafoi
Gomagoi
2757
Stilfser Joch
TOP TIPP
Ortler
3905
Vertainspitze
3545
Sulden
SS40
SS41
SS38
SS301
27
28
29
3
N
Route
10 km
Freiburg
DEUTSCHLAND
München
Salzburg
Garmisch-Partenkirchen
Oberstdorf
Innsbruck
ÖSTERREICH
Chur
Bruneck
Lienz
Airolo
St. Moritz
Meran
Cortina d'Ampezzo
Bormio
Bozen
Lugano
Trento
Bergamo
Vicenza

Tour-Stationen auf einen Blick

Tourlänge: 295 km

Nr.	Ort	PLZ	GPS-Koordinaten
Ⓐ	St. Moritz	CH-7500	N 46 29.816 E 09 50.679
02	Auffahrt 29	-	N 46 30.662 E 09 52.751
03	Ospizio Bernina	-	N 46 24.643 E 10 01.367
04	San Rocco	I-23030	N 46 31.101 E 10 07.517
05	Bormio	I-23032	N 46 28.373 E 10 21.981
06	Spondinig	I-39020	N 46 38.013 E 10 36.846
07	Schluderns	I-39020	N 46 39.969 E 10 34.904
-	Santa Maria	CH-7536	N 46 36.081 E 10 25.440
08	Zernez	CH-7530	N 46 42.036 E 10 05.694
09	Susch	CH-7542	N 46 44.935 E 10 04.736

Nr.	Ort	PLZ	GPS-Koordinaten
-	Flüelapass	-	N 46 44.994 E 09 56.868
10	Davos Dorf	CH-7260	N 46 48.662 E 09 50.600
11	Tiefencastel	CH-7450	N 46 39.705 E 09 34.766
12	Silvaplana	CH-7513	N 46 27.614 E 09 47.840
Ⓔ	St. Moritz	CH-7500	N 46 29.827 E 09 50.302

Die Tabelle enthält die wichtigsten Stationen der Route – ggf. wurden Orte weggelassen oder zur exakteren Navigation ergänzt; Referenzsystem der GPS-Koordinaten: WGS84.

1 — 3 km — 27

Von St. Moritz gut 3 km nordwärts auf der Hauptstrasse 27 in Richtung Pontresina bis zur Anbindung an die Hauptstrasse 29 fahren.

2 — 21 km — 29

Im Kreisverkehr die 1. Ausfahrt auf die 29 nehmen und 21 km über Pontresina und den Berninapass bis zum Abzweig nach Livigno/Italien fahren.

Strecke: *Parallel zu den Gleisen der Rhätischen Bahn gewinnt die sehr breit ausgebaute Straße, die man auch im Winter zumeist offen halten kann, an Höhe. Am Ospizio Bernina etwas unterhalb der Passhöhe (2330 m) sollte man sich Zeit für eine Pause nehmen. Hier treffen sich die Biker und genießen den Blick auf die vergletscherte Berninagruppe mit Piz Bernina (4049 m) und Piz Morteratsch (3751 m).*

Restaurant- und Hotel-Tipp: Der Berninapass trennt den italienischen vom rätoromanischen Sprachraum. Verständigungsprobleme kennen Biker jedoch nicht. Egal, aus welcher Ecke Europas sie anreisen, im Ospizio Bernina unterhalb der Passhöhe trifft man sich, hält ein Schwätzchen oder trinkt gemeinsam einen Cappuccino.

Albergo Ospizio Bernina, CH-7710 Ospizio Bernina, Tel. 00 41/(0)81/844 03 03, www.bernina-hospiz.ch €€

Tipp: St. Moritz

Info: St. Moritz gilt als Wiege des Wintertourismus. Wenn das Dorf malerisch eingeschneit ist, versammeln sich hier die Reichen und Schönen. Im Sommer dürfen aber auch Normalsterbliche hinter die Kulissen des Weltdorfes blicken, etwa auf den berüchtigten Cresta Run, in dem winters die Schlitten mit 140 km/h durch den Eiskanal rauschen.

Hotel-Tipp: Etwas abseits am St. Moritzer See liegt das ausgezeichnete Waldhaus am See. Es beherbergt die größte Whiskysammlung der Welt und wurde dafür ins Guinness Buch der Rekorde aufgenommen. Buchungen wochenweise, Einzelübernachtungen sind nur auf Anfrage möglich.

Waldhaus am See, Via Dim Lej 6, CH-7500 St. Moritz, Tel. 00 41/(0)81/836 60 00, www.waldhaus-am-see.ch €€€

3
16 km
–
SS301

An der Abzweigung nach Livigno – 4 km hinter der Bernina-Passhöhe – links abbiegen und 16 km, ab der Grenze auf der SS301, bis nach San Rocco.

Strecke: *Wir touren durch eine karge, aber faszinierende Mondlandschaft und überqueren die harmlose, leider nicht sehr kurvenreiche Forcola di Livigno (2315 m). Wintersperre von Dezember bis Mai.*

Info: Livigno ist wie Samnaun eine steuerfreie Zone. Vor allem Benzin, aber auch Parfüm, Alkoholika und natürlich Tabak werden hier zu sehr günstigen Preisen verkauft. An der Grenze muss man jedoch mit ungewohnt gründlichen Kontrollen rechnen (www.livigno.com).

Auf einsamer Piste in Richtung Livigno.

4
35 km
SS301

In San Rocco im Kreisverkehr die 1. Ausfahrt nehmen, um auf der SS301 zu bleiben. Jetzt der Straße 35 km bis Bormio folgen.

Strecke: *Anfängertauglich sind auch die nächsten beiden Pässe: Erst zirkelt man über den Passo d'Eira (2209 m), vom dann folgenden Passo di Foscagno (2291 m) genießt man eine wunderbare Aussicht auf das Tal von Bormio unter dem ewig weißen Ortlermassiv. Keine Wintersperre.*

5
48 km
SS38

In Bormio links auf die SS38 abbiegen und 48 km über das Stilfser Joch bis nach Spondinig fahren.

TOP TIPP **Strecke:** *Diesmal gilt's! Von der Passhöhe (2757 m) des Stilfser Jochs, des dritthöchsten Alpenpasses, stürzt sich die Straße in 48 atemberaubenden Kehren steil hinab ins Trafoier Tal. Für alle Pass- und Kurvenfreaks ein Ritterschlag. Der Straßenzustand auf der Nordostrampe ist teilweise schlecht und der Pass nicht für Anfänger geeignet. Zwischen Juni und Oktober geöffnet.*

Info: Unmittelbar an der Stilfserjochstraße in Trafoi lohnt sich ein Besuch im Nationalparkhaus »naturatrafoi«. Der Nationalpark Stilfserjoch im Herzen der Alpen umfasst alle typischen alpinen Lebensräume, vom vergletscherten Hochgebirge auf rund 3900 m bis hinab zu den Talböden auf 650 m. Hier überleben Pflanzen und Tieren unter den oft extremen klimatischen Bedingungen des Hochgebirges.

naturatrafoi, Trafoi 57, I-39020 Stilfs, Tel. 00 39/04 73/61 20 31, www.naturatrafoi.com

Hotel-Tipp: Das Hotel Tannenheim, direkt an der Stilfserjochstraße in Trafoi verwöhnt Biker mit großzügigen Zimmern und Halbpension oder mit Specials wie »bike-weekends« oder »woman on wheels«.

Hotel Tannheim, I-39029 Trafoi Nr. 5, Tel. 00 39/04 73/61 17 04, www.hotel-tannenheim.com, www.moto-stelvio.it €€

Weißer Riese: das mächtige Ortlermassiv.

6
5 km
SS40

In Spondinig links auf die SS40 abbiegen und 5 km bis Schluderns fahren.

7
52 km
SS41
28

In Schluderns links auf die SS41 und 52 km – ab der Schweizer Grenze auf der 28 – bis nach Zernez.

Strecke: *Zuerst durch das verträumte Münstertal, dann in steilem Anstieg und durch unzählige Kurven auf breiter und intakter Straße über den 2149 m hohen Ofenpass. Der Pass ist ganzjährig befahrbar.*

Info: Der eigentümliche Name des Ofenpasses leitet sich von den früher hier angesiedelten Eisenschmelzen ab, in denen die Erze aus den umliegenden Bergwerken geschmolzen wurden. Überreste der Hochöfen entdeckt man noch heute und auch die negativen ökologischen Folgen. Schließlich wurden für die Eisenverhüttung Unmengen an Holz geschlagen – die kahlen Felsflächen sind nicht zu übersehen.

8
6 km
27/28

In Zernez rechts auf die Hauptstrasse 27/28 abbiegen, dann 6 km weiter bis nach Susch.

Strecke: *Zeit für einen flotten Zwischenspurt.*

A Bergdorf Sulden

Info: Sulden (1900 m) mitten im Nationalpark Stilfserjoch wird von der Ortlergruppe und 14 Dreitausendern umrahmt – ein fantastisches Gebirgsszenario eröffnet sich Besuchern des kleinen Bergdorfes, das heute vor allem vom Tourismus lebt. In Gomagoi rechts ab von der Stilfserjochstraße, bis Sulden sind es rund 10 km.

Hotel-Tipp: Das Belvita Hotel Post in Sulden, um 1900 erbaut, beeindruckt mit seinen schönen Jugendstilelementen. Das Haus bietet auch einen Motorradverleih (BMW 650 + Bekleidung) sowie geführte Touren über die umliegenden Alpenpässe an.

Belvita Hotel Post, Hauptstraße 24,
I-39029 Sulden, Tel. 00 39/04 73/61 30 24,
www.hotelpost.it €€€

9
26 km
28

Am Ortsanfang von Susch links auf die 28 abbiegen und 26 km über die Flüelapasshöhe bis nach Davos Dorf hinein fahren.

***Strecke:** In wilden Schwüngen und Bögen bergauf. Die Strecke über den 2383 m hohen Flüelapass bietet alles, was das Bikerherz begehrt: anständigen Belag, meist wenig Verkehr, knackige Kurven, tolle Aussichten und garantiert jede Menge Fahrspaß. Auf der Nordseite geht es auf steilem Asphalt mit reichlich Schräglage wieder abwärts. Der Flüelapass wird seit der Eröffnung des Vereina-Tunnels im Winter nicht mehr frei gehalten und ist von Dezember bis April gesperrt.*

Restaurant- und Hotel-Tipp: Oben auf dem Pass, zu Füßen des 3146 m hohen Flüela Schwarzhorns, liegt das Passhotel Flüela-Hospiz, auf dessen Terrasse man bei schönem Wetter viele Biker antrifft, die hier bei einer Tasse Kaffee fachsimpeln oder einfach nur die alpine Sonne genießen. Wer Hunger hat, wird auf der Speisekarte des Restaurants sicherlich fündig. Und sogar preisgünstig übernachten kann man hier oben in zweckmäßigen Zimmern. Für den ganz schmalen Geldbeutel werden auch Schlafplätze im Matratzenlager angeboten.

Passhotel Flüela-Hospiz, CH-7260 Davos Dorf, Tel. 00 41/(0)81/416 17 47, www.flueela-hospiz.ch €

Am Flüela werden Bikerträume wahr.

10
34 km
–

In Davos links auf die Bahnhofsstraße, der Straße 0,5 km durch den Ort folgen, an der Promenade links, dann 33,5 km über Alvaneu bis Tiefencastel.

Strecke: *Kurvenreiche Straße mit einigen Tunnels durch die dramatische, von eindrucksvollen Felsformationen gesäumte Zügenschlucht.*

11
43 km
3

Im Kreisverkehr in Tiefencastel die 2. Abfahrt auf die 3 nehmen und der Hauptstrasse 43 km über den Julierpass bis nach Silvaplana folgen.

Strecke: *Traumsurf über den 2284 m hohen Julierpass. Bei der etwa 34 km langen Auffahrt müssen 1433 m Höhenunterschied überwunden werden. Die Strecke ist aber bestens ausgebaut und auch für weniger erfahrene Piloten gut zu meistern. Die maximale Steigung beträgt nicht mehr als 12 Prozent. Steiler wird es bergab auf dem Weg ins Engadintal.*

12
6 km
27

Im Kreisel in Silvaplana die 3. Ausfahrt auf die 27 nehmen; 6 km sind es zurück nach St. Moritz.

E

A Albulapass

Strecke: *Der 2315 m hohe Albulapass (Oktober bis Ende Mai gesperrt) ist ein echtes Highlight und eine Alternative zum Julierpass. In Alvaneu links abbiegen; bis ins Engadintal sind es 37 km.*

Info: Ebenfalls passaufwärts schlängelt sich die insgesamt 63 km lange Albulabahn. Mit ihren 55 Brücken und 39 Tunnels zählt sie zu den weltweit spektakulärsten Bahnstrecken und hat es sogar geschafft, ins UNESCO-Welterbe aufgenommen zu werden.

Restaurant- und Hotel-Tipp: Das Hotel Piz Ela in Bergün mit Biker-Stammtisch, überdachten Parkflächen und Trockenraum eignet sich besonders für Motorradfahrer, auch mit Halb- oder Vollpension.

Hotel Piz Ela, Hauptstrasse 87, CH-7482 Bergün, Tel. 00 41/(0)81/407 23 23, www.pizela.ch €€

15 Kurvenrausch und Cappuccino

Rund um die Berninagruppe, Oberengadin, Veltlin

Ⓐ **Ausgangsort**
Chiavenna (I-23022)

Ⓔ **Zielort**
Chiavenna (I-23022)

392 km ★★★★ ★★★★

Straßentypen (in Prozent der Streckenlänge)

Landstraße/asphaltierte Nebenstraße	Bundesstraße/Schnellstraße
40	60

Pässe (6): *Malojapass, Julierpass, Albulapass, Berninapass, Passo di San Marco, Culmine San Pietro*

Diese Tour können Sie mit Routen 14 und 16 kombinieren.

Engadin Tourismus
Via San Gian 30
CH-7500 St. Moritz
Tel. 00 41/(0)81/830 00 01
allegra@estm.ch
www.engadin.stmoritz.ch/ferien

Diese fast 400 km lange Route verlangt die Kondition eines Langstreckenläufers. Sie beginnt fulminant mit vier der bekanntesten Alpenpässe der Schweiz und führt dann ins Veltlin, um dort weitgehend unbekannte Pässe und italienisches Flair aufzusaugen. Die Pisten durch die Einsamkeit haben ihren ganz speziellen Kurvenreiz. Wer noch Energie hat, macht einen Abstecher zu Moto Guzzi in Mandello, bevor es am Comer See entlang zurück geht.

Route 15
Menaggio
Varenna
Lago di Lecco
Lago di Como
Gravedona
Bellano
Mandello del Lario
SP62
SP72
Colico
Lago di Mezzola
SS36
Prata
Chiavenna
Piuro
Cascata Acqua Fraggia
Lecco
Bàrzio
Valsassina
Pioverna
1243
SP64
Culmine San Pietro
Taleggio
SP25
San Giovanni Bianco
SS470
Bergamo
S. Pellegrino Terme
Scalvino
SP1
SP9
1985
SP8
Passo di San Marco
Morbegno
M. Spluga
2845
SS37
Ardenno
SS38
Sondrio
Chiuro
Teglio
SS39
SS38dir
Tirano
Pizzo Arera
2512
Pizzo di Coca
3052
Bergamasker
Alpen
ITALIEN
Adda
Brembo
Sèrio
A4
36
42
Veltlin
Monte Rosso
3088
Piz Bernina
4049
Piz Palü
3901
Bernina-pass
TOP TIPP
2330
Cima Viola
3374
Livigno
Lago di Livigno
Passo d'Eira
2209
Engadiner Alpen
Maloja
Maloja-pass
1815
Silser See
Silvaplana
Silvaplana See
St. Moritz
Samedan
Pontresina
La Punt-Chamues-ch
Julier-pass
2284
Piz d'Err
3378
Marmorera See
Juf
Averser Rhein
Hinterrhein
Thusis
Tiefencastel
Surava
Alvaneu
Parpaner Rothorn
2861
Bergün
Albulapass
2315
Davos
Landwasser
Flüela Schwarzhorn
2383
Flüelapass
3229
Piz Vadret
3146
Zernez
Inn
Bonaduz
A13
Splügen
Splügen-pass
2113
Piz Beverin
2998
San Bernardino
2006
San-Bernardino-Pass
Piz Paglia
2593
SCHWEIZ
19
27
28
29
Route
10 km
Freiburg
DEUTSCHLAND
München
Salzburg
Garmisch-Partenkirchen
Oberstdorf
Innsbruck
ÖSTERREICH
SCHWEIZ
Chur
Bruneck
Lienz
Airolo
St. Moritz
Meran
Bormio
Bozen
Cortina d'Ampezzo
Lugano
Trento
ITALIEN
Bergamo
Vicenza

Tour-Stationen auf einen Blick

Tourlänge: 392 km

Nr.	Ort	PLZ	GPS-Koordinaten
A	Chiavenna	I-23022	N 46 19.280 E 09 23.868
02	Silvaplana	CH-7513	N 46 27.614 E 09 47.842
03	Tiefencastel	CH-7450	N 46 39.690 E 09 34.760
04	La Punt-Chamues-ch	CH-7522	N 46 34.734 E 09 55.529
05	Tirano	I-23037	N 46 13.088 E 10 09.342
06	Morbegno	I-23017	N 46 08.065 E 09 34.783

Nr.	Ort	PLZ	GPS-Koordinaten
07	Scalvino	I-24010	N 45 55.822 E 09 40.049
08	San Giovanni Bianco	I-24015	N 45 52.536 E 09 39.116
09	Barzio	I-23816	N 45 55.982 E 09 27.127
10	Bellano	I-23822	N 46 02.463 E 09 18.144
11	Colico	I-23823	N 46 08.532 E 09 23.985
E	Chiavenna	I-23022	N 46 19.099 E 09 23.990

Die Tabelle enthält die wichtigsten Stationen der Route – ggf. wurden Orte weggelassen oder zur exakteren Navigation ergänzt; Referenzsystem der GPS-Koordinaten: WGS84.

1
43 km
SS37
3

Ⓐ

Von Chiavenna auf der SS37 in Richtung Schweiz, ab der Grenze weiter auf der Hauptstrasse 3. Über den Malojapass 43 km bis nach Silvaplana fahren.

Strecke: *Abwechslungs- und kurvenreich schraubt sich der Malojapass von Westen her hinauf auf eine Scheitelhöhe von 1815 m. Er ist ganzjährig befahrbar und gut asphaltiert. Eher enttäuschend ist die Abfahrt Richtung Osten. Das breite Teerband verliert sich fast kurvenlos im Engadiner Inntal. Trost spendet aber die schöne Landschaft.*

Info: Etwa 3 km hinter Chiavenna bei Piuro befindet sich die Cascata Acqua Fraggia, ein spektakulärer Wasserfall. Man kann darunter baden oder sich auf den Wiesen sonnen.

Auf dem Silser See bei Maloja sind regelmäßig Ausflugsboote unterwegs. Spektakulär sind auch die wilden Sprünge der Kite-Surfer, die man auf dem benachbarten Silvaplana-See beobachten kann.

Restaurant- und Hotel-Tipp: Das Hotel Schweizerhaus in Maloja bietet große Zimmer mit Ausblick auf die Engadiner Bergwelt. Im Restaurant werden neben Schweizer Klassikern auch deftige Steaks serviert. Es gibt eine Tiefgarage, einen Trockenraum und Werkzeug.

Hotel Schweizerhaus, CH-7516 Maloja, Tel. 00 41/(0)81/838 28 28, www.schweizerhaus.info €€€

Die kurvenreiche Westrampe des Malojapasses.

Die Malojapasshöhe mit Gasthaus.

2
43 km
3

In Silvaplana im Kreisverkehr die 3. Ausfahrt auf die 3 nehmen und der Straße durch den Ort und 43 km bis nach Tiefencastel folgen.

Strecke: *Berühmte Wedelstrecke über den ganzjährig geöffneten und 2284 m hohen Julierpass, die Profis wie Einsteiger gleichermaßen begeistert. Auf gut ausgebauter Straße geht es steil bergan.*

3
39 km
–

Im Kreisel in Tiefencastel die 1. Ausfahrt auf die Albulastraße nehmen, 39 km über Alvaneu, Bergün und den Albulapass bis La Punt-Chamues-ch fahren.

Strecke: *Die Passstraße hinauf auf den 2315 m hohen, fast nur noch von Touristen genutzten Albulapass (Oktober bis Ende Mai gesperrt) ist eine der schönsten im Engadin. Zwischendurch sollte man immer mal anhalten, um die Aussicht zu genießen. Ab Bergün wird die Straße eng, die Kurven werden unübersichtlicher, und der Belag verschlechtert sich.*

Restaurant- und Hotel-Tipp: Auf 2315 m Höhe lockt direkt am Albulapass das Berggasthaus Albula Hospiz. Leonhard und Edith Senti servieren leckere Grillspezialitäten und regionale Küche.

Berggasthaus Albula Hospiz, CH-7522 La Punt-Chamues-ch, Tel. 00 41/(0)79/243 21 47, www.albulahospiz.ch €€

4
60 km
27
29
SS38dir

In La Punt-Chamues-ch rechts auf die Hauptstrasse 27 fahren. Nach 9 km im Kreisel die 2. Ausfahrt Richtung Pontresina (29) nehmen und 51 km über den Berninapass bis Tirano fahren – die letzten 2 km wieder auf italienischem Gebiet (SS38dir).

TOP TIPP

Strecke: *Inmitten einer märchenhaften Bergkulisse gleiten wir entspannt auf bestens ausgebauter Piste dem Berninapass (2330 m) und einer gleißenden Gletscherwelt entgegen. Der Scheitel des Passes befindet sich noch etwas oberhalb des Ospizio Bernina, wo sich Motorradfahrer auf dem großen Parkplatz treffen und das großartige Panorama auf die vereiste Berninagruppe gleich gegenüber genießen. Dann folgt ein reizvoller, aber leicht beherrschbarer Kurventanz bergab, der erst in Tirano auf einer Seehöhe von lediglich noch 430 m endet. Der Berninapass kann meist ganzjährig offen gehalten werden.*

5
50 km
SS38

In Tirano im Kreisverkehr auf die Piazza della Basilica (1. Ausfahrt) fahren, dann 50 km der SS38 über Sondrio bis Morbegno folgen.

Strecke: *Schneller Turn entlang des Flüsschens Adda durchs Veltlin.*

Der Ritt über den Berninapass ist einer der vielen Höhepunkte dieser Route.

Tipp: Veltliner Küche

Info: Zwischen Ortler und Comer See, vom Berninamassiv zu den Bergamasker Alpen erstreckt sich das Veltlin. Hier weiß man gutes Essen zu schätzen: Chiaretta oder Sfurzato, äußerst leckere Käsesorten, Süßwasserfisch aus dem See, die typischen Pizzocheri-Nudeln mit Knoblauch sowie allerlei Pilze und deftige Schweinswürste.

6
51 km
–
SP8
SP9
SP1

Vor Morbegno-Zentrum links auf die Via Guglielmo Felice und 500 m bis zur Piazza San Antonio. Hier links, nach rund 300 m erneut links auf die SP8 (später SP9, SP1) Richtung San Pellegrino und 50 km über den Passo di San Marco bis Scalvino.

***Strecke:** Abgelegene Zauberstrecke über den verwinkelten und kaum bekannten, daher auch ziemlich verkehrsfreien Passo di San Marco (1985 m). Die Straße ist gut ausgebaut und komplett asphaltiert.*

7
7 km
SS470

In Scalvino nach dem Tunnel geradeaus auf die SS470 und 7 km bis San Giovanni Bianco.

8
34 km
SP25
SP64

In San Giovanni rechts in die Via San Carlo (SP25) und 34 km über Taleggio und den Culmine San Pietro – jetzt auf der SP64 – bis zur Einmündung auf die SP62 hinter Barzio fahren.

***Strecke:** Einsames Bergabenteuer auf schmalen Straßen. Durch Schluchten und Täler geht es kurvenreich hinauf zum Culmine San Pietro (1243 m). Hier treffen sich gern die Motorradfahrer.*

9
23 km
SP62

An der Einmündung auf die SP62 rechts und der Straße 23 km bis Bellano folgen – in den Ort.

Strecke: *Durch das etwas dichter besiedelte Valsassina entlang des Flüsschens Pioverna, das vor Belluno eine Schlucht bildet.*

Info: Der Comer See gilt vielen als der eindrucksvollste der oberitalienischen Seen. Mit 425 m ist er der tiefste Binnensee Europas. An seinem Nordufer ragen mächtige, 2000 m hohe Berge wie eine unüberwindliche Wand auf. Aus der Ferne wirkt das alles schon fast wie eine norwegische Fjordlandschaft, nur sind die Temperaturen viel angenehmer. Am Ostufer, wenige Kilometer südlich von Belluno, liegt das pittoreske Örtchen Varenna mit seinem alten Fischerhafen. Bei Cappuccino und Eisbecher kann man hier sehr angenehm den großartigen Comer See auf sich wirken lassen (www.varennaitaly.com).

10
18 km
SP72

In Bellano rechts auf die SP72 und 18 km über Colico bis zum Straßenkreuz mit der SS36 fahren.

Strecke: *Aussichtsreiche Uferstraße am Comer See entlang, anstatt auf der weitgehend im Tunnel verlaufenden SS36.*

A Moto Guzzi Mandello

Strecke: *Wer am Etappenpunkt 9 links auf die SP62 Richtung Süden abbiegt, gelangt über Lecco nach Mandello del Lario (20 km). Weiterfahrt am Comer See entlang nach Bellano (16 km).*

Info: In Mandello bauten die Herren Guzzi und Parodi in einem kleinen Schuppen ihr erstes Motorrad. Das war 1919, und noch heute ist Moto Guzzi in Mandello zu Hause. Einen Besuch im Museum der berühmten italienischen Motorradmarke sollte man sich auf keinen Fall entgehen lassen. Zu sehen sind die bekannten V2-Maschinen, die Falcone-Einzylinder-Modelle sowie reinrassige Rennmaschinen wie der legendäre 500-Kubik-Achtzylinder von 1957.

Moto Guzzi, Via E. V. Parodi 57, I-22054 Mandello del Lario, Tel. 00 39/03 41/70 91 11, http://de.motoguzzi.it, Mo–Fr 15–16 Uhr.

11

24 km

SS36

Hier die Auffahrt in Richtung Chiavenna nehmen, 24 km auf der SS36 zurück zum Ausgangspunkt.

Strecke: *Gut ausgebaute, verkehrsreiche Staatsstraße.*

Info: Chiavenna ist der ideale Ort, um eine recht lange Tour mit authentischem italienischem Flair ausklingen zu lassen. Trubelig-fröhlich findet das Leben hier an der frischen Luft statt, und auf einer Terrasse draußen in der Sonne schmeckt die Pizza doppelt so gut. Im historischen Ortskern mit seinen verwinkelten Gassen und kleinen Plätzen kann man sich nach dem Essen prima die Beine vertreten. Am östlichen Stadtrand befindet sich zu Füßen des Paradiso-Felsens ein botanischer Garten, in dem man neben Blütenpracht auch Skulpturen und Objekte aus der lokalen Geschichte bestaunen kann.

Parco Paradiso, Via della Marmirola, I-23022 Chiavenna, Tel. 00 39/03 42/56 53 10, Di–Sa 14–16.30, So 10–11.30 und 14–17 Uhr.

Restaurant- und Hotel-Tipp: Mitten in Chiavenna liegt das moderne Hotel Conradi, das geschmackvoll eingerichtete Zimmer und im Restaurant die typische Küche der Region anbietet.

Hotel Conradi,Piazza Verdi 10, I-23022 Chiavenna, Tel. 00 39/03 43/323 00, www.hotel-conradi.com €€

Die hübsche, alte Handelsstadt Chiavenna.

Schweizer Alpen

Uralte Pfade

Zwischen Rhein und Ticino

16

Ⓐ **Ausgangsort**
Chur (CH-7000)

Ⓔ **Zielort**
Chur (CH-7000)

342 km ★★★★ ★★★

Straßentypen (in Prozent der Streckenlänge)

Landstraße/asphaltierte Nebenstraße	Bundesstraße/Schnellstraße
30	70

Pässe (2): *Splügenpass, Lukmanierpass*

Diese Tour können Sie mit Routen 15 und 17 kombinieren.

Viamala Ferien
Bodenplatz
CH-7435 Splügen
Tel. 00 41/(0)81/650 90 30
info@viamalaferien.ch
www.viamalaferien.ch

Gleich zweimal überqueren wir auf dieser Route den Alpenhauptkamm. Nach kurzem Aufwärmtraining auf der kurvenreichen Via Mala geht es über den seit uralten Zeiten genutzten Splügenpass. Wild ist die Abfahrt gen Süden, wo uns der strahlend blaue Comer See und der Lago di Lugano begrüßen. Die Rückfahrt über den Lukmanier ist recht entspannt. Zum Schluss erleben wir jedoch am Vorderrhein noch ein echtes Strecken-Highlight.

Route 16
Varese
Luino
Ascona
Locarno
Lago Maggiore
Valle Maggia
Maggia
Val Verzasca
Verzasca
Sonogno
Piz Campo Tencia
3075
Lukmanier-pass
Val Medel
1914
Valle Santa Maria
Vorderrhein
Disentis
Schärhorn
3295
Muota
Monte Tamaro
1962
Monte Ceneri
554
Lugano
Mte. la Sighignola
Arogno
1314
Lanzo d'Intelvi
Lago di Lugano
San Fedele
Porlezza
Como
Bellinzona
Biasca
Ticino
Brenno
Piz Medel
3210
Bös Fulen
2801
SCHWEIZ
ITALIEN
Glarner Alpen
Linth
Kärpf
2794
San-Bernardino-Pass
2006
Piz Aul
3121
Valserrhein
Glogn
Ilanz
Laax
Piz Paglia
2593
San Bernardino
Menaggio
Lago di Como
Lago di Lecco
Varenna
Mandello del Lario
Bellano
Gravedona
Lecco
Colico
Dubino
Lago di Mezzola
Chiavenna
Madesimo
Montespluga
Montespluga-see
Splügen-pass
2113
Splügen
Sufers
Robiusa
Versam
Top Tipp
Ringelspitz
3247
Bonaduz
Thusis
Andeer
Roffla-schlucht
Via Mala
Hinterrhein
Averser Rhein
3162
Pizzo Stella
Morbegno
Adda
Monte Spluga
2845
Tiefencastel
Chur
Bad Ragaz
Rhein
Igis
Route
10 km
Freiburg
DEUTSCHLAND
München
Salzburg
Garmisch-Partenkirchen
Oberstdorf
SCHWEIZ
Innsbruck
ÖSTERREICH
Chur
Bruneck
Lienz
Airolo
St. Moritz
Meran
Bormio
Cortina d'Ampezzo
Bozen
Lugano
Trento
ITALIEN
Bergamo
Vicenza

Tour-Stationen auf einen Blick

Tourlänge: 342 km

Nr.	Ort	PLZ	GPS-Koordinaten
A	**Chur**	CH-7000	N 46 50.858 E 09 31.744
02	**Thusis**	CH-7430	N 46 41.611 E 09 26.408
-	**Rofflaschlucht**	-	N 46 34.910 E 09 25.279
03	**Sufers**	CH-7434	N 46 34.094 E 09 21.912
04	**Splügen**	CH-7435	N 46 33.132 E 09 19.403
05	**Chiavenna**	I-23022	N 46 19.261 E 09 23.829
06	**Dubino**	I-23015	N 46 10.289 E 09 25.914
07	**Menaggio**	I-22017	N 46 01.346 E 09 13.937
08	**Porlezza**	I-22018	N 46 02.133 E 09 07.060
09	**Lugano**	CH-6900	N 46 00.520 E 08 56.803

Nr.	Ort	PLZ	GPS-Koordinaten
-	**Monte Ceneri**	-	N 46 08.375 E 08 54.379
10	**Biasca**	CH-6710	N 46 21.611 E 08 58.145
-	**Lukmanierpass**	-	N 46 33.801 E 08 48.073
11	**Disentis**	CH-7180	N 46 42.329 E 08 51.292
12	**Ilanz**	CH-7130	N 46 46.453 E 09 12.325
13	**Versam**	CH-7104	N 46 47.402 E 09 20.280
E	**Chur**	CH-7000	N 46 50.972 E 09 31.829

Die Tabelle enthält die wichtigsten Stationen der Route – ggf. wurden Orte weggelassen oder zur exakteren Navigation ergänzt; Referenzsystem der GPS-Koordinaten: WGS84.

1
26 km
13

Ⓐ

In Chur auf der Kasernenstrasse (13) in Richtung San Bernadino und der Hauptstrasse 26 km bis Thusis folgen – durch den Ort hindurch.

Strecke: *Wenig befahrene Nebenstraße, die gehörig Spaß macht und parallel zur vignettenpflichtigen Autobahn verläuft.*

2
21 km
13

In Thusis am Kreisverkehr die 2. Ausfahrt nehmen, weiterhin auf der 13 bleiben und 21 km bis zur Autobahnauffahrt Sufers fahren.

Strecke: *Auf kleiner, mit engen Kurven gespickter Nebenstrecke durch die Via Mala und die Rofflaschlucht. Als Alternative bietet sich die gut und breit ausgebaute A13 bis Splügen an (Achtung, Vignettenpflicht!).*

Info: Die Via Mala galt schon zu Römerzeiten als wichtiger Verkehrsweg. Eine Pflichtübung ist der Fußweg hinab zum Boden der Schlucht. Zwischen den beiden Wildener Brücken, direkt am Parkplatz, wo auch ein kleiner Kiosk steht, führen stramme 321 Stufen im Zickzack in die Tiefe. Die extrem steilen und engen Felswände rechts und links sind zum Greifen nah, ein tolles, eindrucksvolles Erlebnis!

Blick in die berüchtigte Via-Mala-Schlucht.

3
5 km
–

In Sufers hinter der Auffahrt links abbiegen (nicht auf die E43/A13 auffahren) und 5 km auf der Parallelstraße nach Splügen fahren.

Strecke: Nebenstrecke mit etwas holprigem Kopfsteinpflaster. Alternativ kann man wieder über die A13 fahren (Achtung, Vignettenpflicht!).

Info: Das kleine, beschauliche Splügen, auf 1450 m Höhe, war einst wichtige Etappenstation der Römer, die über den Splügenpass weiter nach Italien zogen. Vor der Passüberquerung konnte man Mensch und Pferde noch einmal stärken, der Ort entwickelte sich daher auch zu einem lebendigen Warenumschlagplatz. Mittlerweile präsentiert sich Splügen als sanftes, kleines Wintersportzentrum. Vor allem der intakte historische Ortskern lockt Touristen an (www.viamala.ch).

Restaurant- und Hotel-Tipp: Eines der ältesten und traditionsreichsten Hotels in Splügen und im ganzen Bündnerland ist das Bodenhaus, das 1722 als Unterkunft und Lager für Fuhrleute sowie ihre Lasttiere und Transportgüter errichtet wurde. Heute bietet es 26 elegant eingerichtete Zimmer und gleich drei Restaurants, mit einer gelungenen Auswahl an leichten alpenländischen Gerichten.

Hotel Bodenhaus, CH-7435 Splügen, Tel. 00 41/(0)81/650 90 90,
www.hotel-bodenhaus.ch €€

Tipp: Rofflaschlucht

Restaurant- und Hotel-Tipp:
Nur wenige Kilometer auf die Via Mala folgt die Rofflaschlucht. Das gleichnamige Gasthaus ist ein beliebter Motorradtreff, und vor oder nach der wilden Kurvenhatz kann man sich hier mit Rösti-Pizza, Grillspezialitäten oder auch nur einem heißen Kaffee stärken. Durchgehend warme Küche von 11 bis 21 Uhr. Einfache, preisgünstige Fremdenzimmer werden ebenfalls angeboten. Das Haus befindet sich am Einstieg zur Schlucht, über einen Galerieweg erreicht man den tosenden Wasserfall.

Hotel Rofflaschlucht, CH-7440 Andeer,
Tel. 00 41/(0)81/661 11 97,
www.rofflaschlucht.ch €

4
39 km
–
SS36

In Splügen geradeaus über den Hinterrhein und auf der Splügenpassstraße 9 km bis zur Grenze, dann weitere 30 km auf der SS36 bis Chiavenna.

Strecke: *In herrlichen Kehren geht es auf eidgenössisch solider Straße kräftig bergauf zum Splügenpass. Die Abfahrt nach der Passhöhe (2113 m) hat es dann ganz schön in sich. Ganz plötzlich verwandelt sich das vorher zahme Teerband in ein wildes Raubtier: Unbeleuchtete Tunnels, nasser Belag und knackige 90-Grad-Kurven sorgen für reichlich Nervenkitzel. Anfänger seien also gewarnt. Geöffnet Mai bis Oktober.*

Restaurant- und Hotel-Tipps: Das kleine Montespluga liegt unterhalb des Splügenpasses direkt am bildschön gelegenen Montesplugasee und ist von spektakulären Gipfeln umgeben. Motorradfahrer treffen sich gleich nach der Passüberquerung beim See auf einen Cappuccino in der Sonne oder einfach nur auf einen netten Plausch. Es gibt mehrere Straßencafés und auch Restaurants. Gehobener speisen lässt es sich ein paar Kilometer weiter südlich im Sport Hotel Alpina in Madesimo. Das Haus bietet auch angenehme, ruhige Zimmer und fürs Motorrad einen sicheren Garagenplatz.

Sport Hotel Alpina, Via De Giacomi, I-23024 Madesimo, Tel. 00 39/03 43/561 20, www.sporthotelalpina.it €€

5
20 km
SS36

In Chiavenna im Kreisverkehr die 2. Ausfahrt nehmen, weiterhin der SS36 in Richtung Colico folgen und 20 km bis nach Dubino fahren.

Strecke: *Schnelle Passage auf verkehrsreicher Schnellstraße.*

6
28 km
SS402
SS340dir

In Dubino kurz vor dem Kreisverkehr rechts in die SS402 einbiegen, nach 2 km erneut rechts auf die SS340dir und dieser 26 km bis Menaggio folgen.

Strecke: *Am Westufer des Lago di Como entlang. Zahlreiche, etwas unübersichtliche Tunneldurchfahrten und leider auch viel Verkehr.*

7
11 km
SS340

In Menaggio gleich nach dem Tunnel rechts von der SS340dir abfahren und in einer doppelten Schleife bis zum Kreisel. Hier die 1. Ausfahrt auf die SS340 nehmen und 11 km bis nach Porlezza fahren.

Strecke: *Gleich zu Beginn wunderbare Kurven.*

A Comer See

Strecke: *Von Dubino lohnt sich der 38 km lange Abstecher auf der Küstenstraße SP72 am Ostufer des Comer Sees entlang über Varenna nach Mandello.*

Info: Varenna, ein hübscher Fischerort, der auch immer wieder beliebte Kulisse für Filmproduktionen ist, schmiegt sich an den fjordartigen Comer See. Von der Uferpromenade genießt man einen fantastischen Blick auf den Alpenhauptkamm. Etwas weiter südlich gelangen wir nach Mandello del Lario, der Heimat der berühmten italienischen Motorradmarke Moto Guzzi. Im Moto-Guzzi-Museum erfährt man alles über die fast schon hundertjährige Geschichte der Kultmarke. Führungen an Wochentagen nachmittags.

Moto Guzzi, Via E. V. Parodi 57, I-22054 Mandello del Lario, Tel. 00 39/03 41/70 91 11, http://de.motoguzzi.it, Mo–Fr 15–16 Uhr.

8
17 km
SS340

In Porlezza geradeaus (weiterhin auf der SS340) und 17 km bis Lugano – ins Zentrum hineinfahren bis zur Kreuzung mit der Hauptstrasse 2.

Strecke: *Herrliche Kurvenstrecke entlang des Lago di Lugano.*

Info: Neben seiner grandiosen Lage am gleichnamigen See wartet das Schweizer Lugano mit einer attraktiven Innenstadt und einer Reihe interessanter Kunstmuseen auf. Der schönste Park Luganos ist sicherliche der Parco San Michele. Auf schmalen, verschlungenen Pfaden an den Hängen des Monte Bré kann man ihn erkunden – und den Blick dabei über den tiefblauen Lago und die ihn säumenden, sanften Hügel schweifen lassen (www.lugano-tourism.ch).

Restaurant- und Hotel-Tipp: Das originelle Hotel Vezia im Luganer Ortsteil Vezia liegt unmittelbar an der Strecke. Hotel und Restaurant präsentieren sich im Stil der »Fifties«. Zu dieser faszinierenden Epoche gehören natürlich auch Motorräder, die hier besonders willkommen sind und in einer Privatgarage untergebracht werden. Das Restaurant ist fürs Frühstücksbüfett und von März bis November auch am Abend geöffnet: Man serviert italienische und Tessiner Spezialitäten.

Motor-Bike-Hotel Vezia, Via San Gottardo 32, CH-6943 Vezia/Lugano,
Tel. 00 41/(0)91/966 36 31, www.hotelvezia.ch €€€

A Monte la Sighignola

Strecke: *In Porlezza links (SP14) nach San Fedele, hier rechts (SP13) bis Lanzo d'Intelvi. Hinunter zum Lago geht es über Arogno bis zur Hauptstrasse 2, die uns nach Lugano bringt. Etwa 38 km.*

Info: Den schönsten Blick auf den Lago di Lugano hat man nach Ansicht wahrer Tessinkenner vom Monte la Sighignola (1314 m). In Lanzo rechts halten und 6 km durch den Wald fahren.

Restaurant-Tipp: Einen Panoramablick aus 1200 m Höhe, eine leckere Polenta, wie man sie heute kaum noch kennt, sowie andere frische Gerichte bietet das Restaurant La Baita kurz vor der Aussichtshöhe.

La Baita Ristorante, Via Sighignola 36,
I-22024 Lanzo d'Intelvi,
Tel. 00 39/031/84 06 93, www.labaita.eu

9
52 km
2

In Lugano an der Via San Gottardo (2) rechts und der Hauptstrasse 52 km über Bellinzona bis nach Biasca folgen.

Strecke: *Auf verkehrsreicher Hauptstrasse parallel zur Autobahn. Vom Monte Ceneri hat man eine prima Aussicht auf den Lago Maggiore.*

Info: In Bellinzona, der Hauptstadt des Kantons Tessin, sollte man auf jeden Fall einen Boxenstopp einplanen. Der lebendige Ort versprüht lombardischen Charme und wird noch heute von einer eindrucksvollen Stadtmauer sowie von drei mächtigen Burgen (Castelgrande, Montebello und Sasso Corbaro) bewacht, die wegen der bestens erhaltenen spätmittelalterlichen Festungsanlagen von der UNESCO zum Welterbe erklärt wurden (www.bellinzonaunesco.ch).

Restaurant-Tipp: Das Restaurant in den Gemäuern des Castelgrande ist im Stil der klassischen Moderne eingerichtet und bietet anspruchsvolle internationale Küche mit mediterranem Einschlag, mittelalterliche Spezialitäten sowie fantasiereiche Eigenkreationen des Chefkochs. Von der Terrasse blickt man auf das im Tal gelegene Bellinzona.

Ristorante Castelgrande, Salita al Castello, CH-6500 Bellinzona,
Tel. 00 41/(0)91/826 23 53, www.castelgrande.ch

Im mondänen Lugano spielt die Musik – vor allem in den lauen Sommernächten.

Tipp: Estival Jazz Lugano

Event-Tipps: Die kostenlosen Konzerte unter freiem Himmel auf den Plätzen von Lugano sind bei Musikfreunden sehr beliebt. Im Juli hallen flotter Jazz und Rockmusik durch die Gassen, dargeboten von den Großen der Szene (www.estivaljazz.ch). Ende August hat dann fetziger Blues Lugano im Griff (www.bluestobop.ch).

10
61 km
–

Im Kreisverkehr in Biasca die 2. Ausfahrt auf die Via Parallela nehmen. Nach 1 km rechts und 60 km über den Lukmanierpass bis Disentis.

Strecke: *Schon im Valle Santa Maria gibt es tolle Kurvenkombinationen und fantastische Ausblicke. Der Lukmanierpass ist mit 1914 m Höhe der niedrigste Schweizer Pass über den Alpenhauptkamm. Die Kurven sind gut einsehbar, die Steigungen mäßig, und der Belag ist griffig. Note: Anfängertauglich. Wobei der Fahrspaß auch für Profis nicht zu kurz kommt. Durch das Val Medel gelangt man in mal weit geschwungenen, mal scharfen Bögen hinab ins Vorderrheintal. Pass ganzjährig geöffnet.*

11
29 km
19

In Disentis geradeaus auf die Hauptstrasse 19 und 29 km bis Ilanz fahren.

Restaurant- und Hotel-Tipp: Im Klosterdorf Disentis auf 1150 m Höhe bietet das Hotel Sax nicht nur ein festes Dach über dem Kopf, Garage, Trockenraum und Werkzeug sind ebenfalls vorhanden. In der gemütlichen Gaststube serviert man Bündner Gerichte und Wildspezialitäten.

Hotel Sax, Via Sax 1, CH-7180 Disentis, Tel. 00 41/(0)81/920 31 50, www.hotelsax.ch €€

12
13 km
–

In Ilanz links auf die Via San Clau Sura, nach 0,5 km rechts über den Rhein und links in die Glennerstraße abbiegen, 12,5 km bis Versam.

TOP TIPP **Strecke:** *Eine der schönsten Alpenstraßen der Nordschweiz, hinsichtlich Nervenkitzel und landschaftlichem Erlebnis ist sie kaum zu übertreffen. Hoch über dem Vorderrhein rollt man an schroffen Felswänden entlang und genießt einen unbeschreiblichen Blick auf das türkisblaue Rheinwasser in der Tiefe des »Swiss Grand Canyon«.*

Restaurant-Tipp: Gutes Essen zu vernünftigen Preisen findet man im Restaurant Pinta Creativa in Ilanz. Serviert wird ein Mittagsmenü oder auch à la carte. Die Sonnenstunden oder milde Abende genießt man bei schöner Aussicht auf der überdachten Terrasse.

Restaurant Pinta Creativa im Kronenhof, Oberländerstraße, CH-7130 Ilanz, Tel. 00 43/(0)81/925 19 66.

Hoch über dem Vorderrhein verläuft eine der spannendsten Pisten der Nordschweiz.

13
20 km
–
13

Geradeaus durch Versam fahren und 8 km bis nach Bonaduz. Hier links auf die Hauptstrasse 13 abbiegen und 12 km zurück nach Chur.

Strecke: *In Serpentinen steil hinab in den Versamer Tobel und durchs Vorderrheintal. Schwierig zu fahren, aber äußerst reizvoll.*

E

Blick hinab zum »Grand Canyon« der Schweiz.

17 Royal Flush

Grimsel, Nufenen, St. Gotthard, Susten und Furka

Ⓐ **Ausgangsort**
Innertkirchen (CH-3862)

Ⓔ **Zielort**
Innertkirchen (CH-3862)

161 km ★★★★★ ★★★★

Straßentypen (in Prozent der Streckenlänge)

30 | 70

- Landstraße/asphaltierte Nebenstraße
- Bundesstraße/Schnellstraße

Pässe (5): *Grimselpass, Nufenenpass, St.-Gotthard-Pass, Sustenpass, Furkapass*

Diese Tour können Sie mit Route 16 kombinieren.

Andermatt Gotthard Tourismus
Gotthardstrasse 2
CH-6490 Andermatt
Tel. 00 41/(0)41/888 71 00
info@andermatt.ch
www.andermatt.ch

Spannend wie ein Pokerspiel ist diese Runde, die jeder Biker einmal erlebt haben muss. Das erste Highlight führt zum Grimselpass, als Ass trumpft dann klar der höchste Schweizer Pass, der 2478 m hohe Nufenen, auf. Kein Bluff ist die alte Passstraße über den St. Gotthard, hier geht es richtig zur Sache. Ganz entspannt wiederum wandert der Sustenpass in unsere Hand. Wird jetzt noch der Furka den Royal Flush perfekt machen? Sie haben die Wahl.

Route 17
Brienz
Brienzer See
Meiringen
Gadmen
2224
Sustenpass
SCHWEIZ
Urner Alpen
Oberalpstock
3328
Innertkirchen
Faulhorn
2681
Sustenhorn
3503
Wassen
Disentis
Haslital
Aare
Guttannen
Wetterhorn
3692
Berner Alpen
Glarner Alpen
Göschener Alpsee
Göschenen
Oberalppass
2046
Vorderrhein
Diechterhorn
3385
Schöllenenschlucht
Hospental
Andermatt
Dammastock
3630
Eiger
3974
Lauteraarhorn
4042
Hienderstock
3307
Furkareuss
Furkapass
Gemsstock
2961
Piz Gannaretsch
3040
Val Medel
Grimselsee
Gletsch
2165
2431
Mätteli
Fiescherhörner
4049
Finsteraarhorn
4274
Grimselpass
Gotthardpass
2109
Lukmanierpass
1914
Oberaarsee
Airolo
Ulrichen
Pizzo Rotondo
3192
Brenno
Nufenenpass
Rhône
Goms
TOP TIPP
2478
Valle Bedretto
Lago di Naret
Cristallina
2912
Ticino
Blinnenhorn
3374
ITALIEN
N
Route
5 km
Freiburg
DEUTSCHLAND
München
Salzburg
Garmisch-Partenkirchen
Oberstdorf
SCHWEIZ
Innsbruck
ÖSTERREICH
Chur
Bruneck
Lienz
St. Moritz
Meran
Bormio
Bozen
Cortina d'Ampezzo
Lugano
Trento
Bergamo
Vicenza

Tour-Stationen auf einen Blick

Tourlänge: 161 km

Nr.	Ort	PLZ	GPS-Koordinaten
Ⓐ	**Innertkirchen**	CH-3862	N 46 42.314 E 08 13.775
02	**Gletsch**	CH-3999	N 46 33.727 E 08 21.681
03	**Ulrichen**	CH-3988	N 46 30.426 E 08 18.385
04	**Airolo**	CH-6780	N 46 32.009 E 08 34.995
05	**Gotthardpass**	-	N 46 33.335 E 08 34.019
06	**Gotthard-Mätteli**	CH-6493	N 46 34.916 E 08 33.553
07	**Wassen**	CH-6484	N 46 42.355 E 08 35.936
Ⓔ	**Innertkirchen**	CH-3862	N 46 42.324 E 08 13.609

Die Tabelle enthält die wichtigsten Stationen der Route – ggf. wurden Orte weggelassen oder zur exakteren Navigation ergänzt; Referenzsystem der GPS-Koordinaten: WGS84.

1
32 km
6

Ⓐ

Von Innertkirchen 32 km der Hauptstrasse 6 über den Grimselpass bis nach Gletsch folgen.

Strecke: *Anfängern beschert der Grimselpass uneingeschränktes Fahrvergnügen, Könner wählen einfach eine flottere Gangart. Die breite Straße schraubt sich in runden Kurven bis auf 2165 m Höhe. Starke Kurven auch bei der Abfahrt nach Gletsch. Von Juni bis Oktober geöffnet.*

Info: Auf der Grimselpasshöhe steppt bereits am späten Vormittag der Bär. Die Gasthöfe sind fest in der Hand der Lederfraktionen. Glück hat, wer auf den meist vollen Terrassen ein Plätzchen ergattert. Spannend ist auch ein Stopp am wenige Höhenmeter tiefer gelegenen Grimsel Hospiz. Bereits 1397 stand hier eine Unterkunft für Säumer, Viehhirten und Wanderer. Heute ist das Hospiz ebenfalls ein beliebter, weil alternativer Bikertreff abseits des Trubels auf der Passhöhe.

Restaurant- und Hotel-Tipp: Die »Ehrwürdige Dame« hat sich einer Frischzellenkur unterzogen, und nach abgeschlossener Renovierung erstrahlt das 75-jährige Grimsel Hospiz wieder in vollem Glanz. Charakter und Tradition verbinden sich hier mit zeitgemäßem Komfort. Übernachtung mit Frühstück oder mit Halbpension möglich.

Grimsel Hospiz, CH-3864 Guttannen, Tel. 00 41/(0)33/982 36 11, www.grimselwelt.ch €€€

A Oberaarsee

Strecke: *Vom Scheitelpunkt des Grimselpasses führt eine einspurige Straße mit Ampelregelung zum Oberaarstausee.*

Info: Vor allem landschaftlich ein berauschender Abstecher. Hier ist man deshalb eher mit entspannter Gashand unterwegs, um das imposante Hochgebirge ringsum so richtig zu genießen.

Eindrucksvolle Ausblicke auf die Berge bietet der Abstecher zum Oberaarsee.

2
11 km
19

In Gletsch rechts auf die 19 abbiegen und 11 km hinab nach Ulrichen fahren.

Strecke: *Wunderbare Spaßstrecke am Oberlauf der Rhône, die hier noch Rotten heißt, hinab ins Goms.*

Info: In Gletsch kann man des Öfteren die historischen Dampflokomotiven bewundern, die auf der Furkabergstrecke von Gletsch und Realp verkehren (www.furka-bergstrecke.ch). Die Region Goms zählt zum deutschsprachigen Teil des Wallis und besticht durch wunderschöne, alte Holzhäuser, die an längst vergangene Zeiten erinnern.

Restaurant- und Hotel-Tipp: Das Hotel Astoria in Ulrichen, am Abzweig zum Nufenenpass, ist eine empfehlenswerte Adresse, um sich vor der anstehenden Kurvenorgie noch einmal zu erfrischen. Biker erhalten einen Willkommens-Schnaps, sollten sich dann aber lieber gleich in einem der einfachen, schön renovierten Zimmer einquartieren und das fein abgestimmte 5-Gänge-Abendessen verkosten. Die Bikes ruhen in geräumigen Garagen, im Bedarfsfall gibt es eine Schrauberecke mit Hebebühne.

Hotel Astoria, CH-3988 Ulrichen, Tel. 00 41/(0)27/973 12 35,
www.astoria-obergoms.ch €€

Auch landschaftlich hat man auf der Strecke über den Grimselpass gute Karten.

3
36 km
–

In Ulrichen links abbiegen und 36 km über den Nufenenpass bis nach Airolo.

TOP TIPP

Strecke: *Wie ein überdimensionaler Korkenzieher windet sich die Teerpiste hinauf zum 2478 m hohen Nufenenpass, dem höchstgelegenen Pass innerhalb der Schweiz. Er ist nur von Juni bis September geöffnet. Dank übersichtlicher Kehren und gutem Belag können hier auch Einsteiger ihre Pass-Fertigkeiten vertiefen.*

Info: Der Pass markiert die Grenze zwischen dem schweizerdeutschen und dem italienischen Sprachraum sowie die Kantonsgrenze zwischen Wallis und Tessin. Hier oben sollte man der Gashand eine Pause gönnen und den Blick schweifen lassen. Im Westen, gleich unter dem 3374 m hohen Blinnenhorn, schieben sich die in der Sonne funkelnden Reste des Griesgletschers durch eine weite Senke und enden oberhalb des stahlblauen Griessees. Nördlich des Rhônetals reckt sich das spitze Finsteraarhorn fast 4300 m hoch in den Himmel.

Event-Tipp: Im Sommer bei schönem Wetter findet hier oben ein lockeres Motorradtreffen statt, bei dem man Zweiradtreiber aus aller Herren Länder mit den verschiedensten Maschinen kennenlernt. Beim Benzingespräch vergeht die Zeit wie im Flug, und die Sonne setzt schneller zum Rückzug an, als erwartet.

Gipfelglück am Nufenen: Den höchsten Pass innerhalb der Schweiz haben wir bezwungen.

4
14 km
–
2
–

Vor Airolo links (Ausschilderung »San Gottardo/ Airolo«) und 1 km in den Ort. An der Zona San Carlo links, nach knapp 0,5 km erneut links und 1,5 km der Via San Gottardo (2) folgen. Jetzt rechts und 11 km über die alte Passstraße zur Passhöhe.

Strecke: *Man folgt den Schildern nach Tremola auf der uralten Gotthard-Passstraße, die samt ihrer 24 Spitzkehren nahezu durchgehend gepflastert ist. Bei Trockenheit stellt das kein Problem dar, und bei Könnern ist die alte Passstraße außerordentlich hoch angesehen. Sollte die Strecke jedoch vor Nässe glänzen, ist ein hohes Maß an Vorsicht geboten. Anfänger wählen dann lieber die leichter zu fahrende Hauptstrasse 2. Die Passstraße ist von Mai bis Oktober geöffnet.*

Info: War es eben im Tal noch sonnig und warm, so wird an manchen Tagen mit jedem Höhenmeter der plötzlich aufsteigende Nebel dichter. In Sekundenschnelle kann die Sichtweite auf 10 m herabsinken. Ganz oben auf dem Pass (2109 m) wiederum lässt eine frische Brise dem Nebel meist keine Chance. Am Gotthard fasziniert weniger die Aussicht als die überwältigende Abgeschiedenheit. Als skurriler Kontrast präsentiert sich die Passhöhe. Bei Schönwetter trifft man hier auf ein Getümmel, das an einen Jahrmarkt erinnert.

Bluff – oder Wagnis? An der alten Gotthard-Passstraße schlägt die Stunde der Wahrheit.

5
4 km
–

Am Gotthardpass geradeaus, auf der alten Passstraße bleiben und ihr 4 km bis Mätteli folgen.

***Strecke:** Gewissensfrage: Bei der Abfahrt hat man abermals die Qual der Wahl zwischen der anspruchsvollen alten und der deutlich einfacher zu fahrenden neuen Passstraße.*

Info: Auf der Passhöhe des St. Gotthard beim ehemaligen Hospiz ist das sehr interessante Museo Nationale del San Gottardo untergebracht. Es informiert über die Geschichte des Passes sowie über das Leben der Menschen hier in der Region damals und heute.

Museo Nationale del San Gottardo, CH-6780 Airolo, Tel. 00 41/(0)91/869 15 25, www.gotthard-hospiz.ch, Juni–Okt. Mo–So 9–18 Uhr.

Restaurant- und Hotel-Tipp: Tessiner Wurst und diverse kleine Snacks werden auf dem Gotthardpass an Ständen verkauft. Die Preise sind allerdings eine kleine Frechheit. Man kann sich aber auch im Hotel-Restaurant San Gottardo Ospizio stärken. Die Terrasse bietet einen herrlichen Ausblick auf die Gebirgslandschaft. Übernachten kann man in günstigen Zimmern oder im noch günstigeren Matratzenlager.

Albergo San Gottardo Ospizio, CH-6780 Airolo, Tel. 00 41/(0)91/869 12 35, www.gotthard-hospiz.ch €

6
18 km
2

In Mätteli links auf die 2 abbiegen und der Hauptstrasse 18 km bergab über Hospental, Andermatt und Göschenen bis nach Wassen folgen.

Strecke: *Äußerst beeindruckende Straße durch die Schweizer Bergwelt, auch wenn man oft mit ziemlich viel Verkehr zu kämpfen hat.*

Info: Zwischen Andermatt und Göschenen verläuft die Straße durch die wilde Schöllenenschlucht mit der Teufelsbrücke. Wer stoppt und den Blick schweifen lässt, kann nachvollziehen, auf welch abenteuerliche Art die Straße einst hier hindurchführte. Auch die Verteidigungsanlagen verschiedener Epochen sind nicht zu übersehen.

7
46 km
11

In Wassen links in die Sustenstraße (11) und 46 km über den Sustenpass zurück nach Innertkirchen.

Strecke: *Eine gemütliche Genussetappe: Die Straße über den 2224 m hohen Sustenpass ist sehr gut ausgebaut und entsprechend einfach zu fahren. Die Steigungen liegen nicht über 9 Prozent. Allerdings gibt es auch unbeleuchtete Tunnel. Der Blick von der Passhöhe reicht bei schönem Wetter bis weit hinein in die Berner Alpen, es gibt zahlreiche Aussichtsparkplätze. Der Pass ist von Juni bis Oktober geöffnet.*

E

A Furkapass

Strecke: *Von Hospental auf der Hauptstrasse 19 in 24 Kehren über den sehr gut ausgebauten Furkapass (2431 m) nach Gletsch, 28 km reiner Fahrspaß. Von Juni bis Oktober geöffnet.*

Info: Die Furkapassstraße bietet tolle Ausblicke auf die Berner Alpen mit Finsteraarhorn (4274 m) und Lauteraarhorn (4042 m). Am Hotel Belvédère erkennt man die Reste des Rhônegletschers. Jedes Jahr wird eine Eisgrotte in den Gletscher geschlagen. Sie liegt 180 m vom Hotel entfernt.

Restaurant- und Hotel-Tipp: Stilvoll übernachten und speisen lässt es sich im traditionsreichen Hotel Belvédère hinter der Furkapasshöhe.

Hotel Belvédère, CH-3999 Obergoms,
Tel. 00 41/(0)27/924 38 24,
www.gletscher.ch €€

Passname	Land	Höchster Punkt	Wintersperre	Schwierigkeit	Route
Albulapass		2315 m	Oktober bis Mai	mittel	14, 15
Ammersattel		1118 m	keine	leicht	3
Arlbergpass		1793 m	keine	leicht bis mittel	5
Berninapass		2330 m	meist keine	mittel	14, 15
Culmine San Pietro		1243 m	keine	leicht bis mittel	15
Falzaregopass		2105 m	keine	mittel	9
Faschinajoch		1514 m	keine	leicht bis mittel	5
Fernpass		1212 m	keine	leicht	3
Flexenpass		1773 m	keine	leicht bis mittel	4, 5
Flüelapass		2383 m	Dezember bis April	mittel	14
Forcella Aurine		1299 m	keine	mittel	10
Forcola di Livigno		2315 m	Dezember bis Mai	leicht bis mittel	14
Furkapass		2431 m	November bis Mai	mittel	17
Furkelsattel		1759 m	keine	mittel	8
Gaichtpass		1093 m	keine	mittel	4
Gampenjoch		1518 m	keine	leicht bis mittel	13
Gaviapass		2618 m	November bis Mai	schwierig	13
Gerlospass		1531 m	keine	leicht bis mittel	6

Passname	Land	Höchster Punkt	Wintersperre	Schwierigkeit	Route
Gotthardpass		2109 m	November bis April	schwierig	17
Grimselpass		2165 m	keine	Oktober bis Mai	17
Grödner Joch		2121 m	keine	mittel	8
Großglockner-Hochalpenstraße		2506 m	November bis April	mittel bis schwierig	6
Hahntennjoch		1894 m	November bis April	mittel bis schwierig	3
Hochtannbergpass		1676 m	keine	mittel	4, 5
Holzleitensattel		1119 m	keine	leicht	3
Iselsbergpass		1204 m	keine	leicht bis mittel	6
Jaufenpass		2094 m	November bis April	mittel	6, 12
Julierpass		2284 m	keine	mittel	14, 15
Kaiserjägersteig		1281 m	keine	mittel bis schwierig	11
Kartitscher Sattel		1525 m	keine	mittel	7
Kelmer Sattel		1360 m	keine	mittel	4
Kesselberg		859 m	keine	mittel	3
Kreuzbergpass		1636 m	keine	leicht bis mittel	7
Kühtaisattel		2017 m	keine	mittel	3, 6
Lukmanierpass		1914 m	meist keine	leicht	16
Malojapass		1815 m	keine	mittel	15

Passname	Land	Höchster Punkt	Wintersperre	Schwierigkeit	Route
Mendelpass		1362 m	keine	mittel	13
Nufenenpass		2478 m	Oktober bis Mai	leicht bis mittel	17
Oberjochpass		1178 m	keine	mittel	4
Ofenpass		2149 m	keine	mittel	14
Passo Brocon		1616 m	keine	mittel	11
Passo Cereda		1361 m	keine	mittel	10
Passo di Fédaia		2057 m	keine	mittel	8, 9
Passo di Foscagno		2291 m	keine	leicht bis mittel	14
Passo di Giau		2236 m	Oktober bis April	mittel bis schwierig	8, 9
Passo Pordoi		2239 m	keine	mittel bis schwierig	8
Passo Rolle		1989 m	keine	mittel	10, 11
Passo di Valles		2033 m	keine	mittel	10
Passo di Vézzena		1414 m	keine	leicht bis mittel	11
Passo di San Marco		1985 m	keine	mittel	15
Passo Duran		1601 m	keine	mittel	10
Passo Manghen		2047 m	keine	mittel bis schwierig	11
Passo San Pellegrino		1918 m	keine	leicht	10
Passo Tre Croci		1809 m	keine	leicht	8

Passname	Land	Höchster Punkt	Wintersperre	Schwierigkeit	Route
Penser Joch	🇮🇹	2211 m	Dezember bis März	mittel	12
Plöckenpass	🇦🇹 🇮🇹	1357 m	keine	mittel	7
Riedbergpass	🇩🇪	1420 m	keine	leicht bis mittel	4
Roßfeldpanoramastraße	🇩🇪	1543 m	keine	mittel	1
Sellajoch	🇮🇹	2240 m	keine	mittel	8, 9
Silvretta-Hochalpenstraße	🇦🇹	2037 m	November bis Mai	mittel	5
Splügenpass	🇨🇭 🇮🇹	2113 m	November bis April	mittel bis schwierig	16
Staller Sattel	🇦🇹 🇮🇹	2052 m	November bis Mai	mittel	6
Staulanzapass	🇮🇹	1773 m	keine	mittel	10
Stilfser Joch	🇮🇹	2757 m	November bis Mai	schwierig	14
Sudelfeldpass	🇩🇪	1123 m	keine	leicht bis mittel	2
Sustenpass	🇨🇭	2224 m	November bis Mai	mittel	17
Timmelsjoch	🇦🇹 🇮🇹	2509 m	Oktober bis Juni	mittel bis schwierig	6, 12
Tonalepass	🇮🇹	1883 m	keine	leicht bis mittel	13
Umbrailpass	🇨🇭 🇮🇹	2501 m	November bis Mai	schwierig	13
Ursprungpass	🇩🇪 🇦🇹	836 m	keine	leicht	2
Valparolapass	🇮🇹	2192 m	keine	leicht bis mittel	9
Würzjoch	🇮🇹	1987 m	November bis April	mittel bis schwierig	9

REGISTER

REGISTER

IMPRESSUM

Autoren

Petra Balzer, Stefan Feldhoff: Touren 1, 2
Frank Klose, Stefan Feldhoff: Tour 3, 4, 6, 13–17
Nick Lass, Stefan Feldhoff: Tour 7–12
Heinz E. Studt, Stefan Feldhoff: Tour 5

Impressum

Ein ADAC Motorradführer in Zusammenarbeit mit dem Bruckmann Verlag

Projektleitung: Stefan Thurn, Sabine Schulz
Produktmanagement: Jens van Rooij, Claudia Hohdorf
Lektorat: Stefan Feldhoff, Feldhoff & Martin, Merxleben
Covergestaltung: Parzhuber und Partner, München
Layout/Satz: Eva Klaffenböck, grafikatelier luk, München
Kartografie: Anneli Nau, nau-kartoGraphik, München
Repro: Cromika s.a.s., Verona; Herstellung: Anna Katavic
Printed in Italy by Printer Trento S.r.l.
ISBN: 978-3-89905-893-2

Bildnachweis

Coverbild: Heinz E. Studt
Fotos im Innenteil: Michael Engelke: 4(l+r), 141(M), 148, 160, 173(l), 179; Jules Busslinger/Pixelio: 4(M) 172; JVR: 5(l), 6(l), 18–28, 29(M+r)–34, 37, 39; Heinz E. Studt: 5(M), 8, 29(l), 36, 40, 50–57, 60, 82; Frank Klose: 5(r), 6(M+r), 35, 41–49, 61–64, 66–71, 130–140, 141(r+l)–146, 150–159, 161–171, 173(M+r), 177; Timmelsjoch Hochalpenstraße AG: 7, 120, 127; Staatliches Bauamt Traunstein: 9(l), 14(o); Bayerische Seenschiffahrt 9(M), 14(u); BGLT 9(r), 12; Nick Lass: 15, 16, 74–81, 83, 87(u), 92–120, 121(M+r)–125; Hans-Joachim Arndt: 38; Achim Lückemeyer/Pixelio: 58; Archiv Großglockner-Hochalpenstraße AG: 65; Österreich Werbung/Diejun: 72; Thommy Weiss/Pixelio: 87(o); Stefan Grötsch/Panthermedia: 90; agp/Pixelio: 121(l), 127; Hanspeter Bolliger/Pixelio: 176

Zuschriften an

ADAC Verlag GmbH, 81365 München
tourbooks-motorrad@adac.de

Alle Fakten wurden nach bestem Wissen und Gewissen mit der größtmöglichen Sorgfalt recherchiert. Redaktion und Verlag können jedoch nicht für absolute Richtigkeit und Vollständigkeit der Angaben Gewähr leisten. Der Verlag ist für alle Hinweise und Verbesserungsvorschläge jederzeit dankbar.